OBSERVATIONS
NOUVELLES
SUR LES
OUVRAGES DE PEINTURE, DE SCULPTURE ET D'ARCHITECTURE,

Qui se voyent à Rome, & aux Environs:

PAR

M. DE RAGUENET.

POUR SERVIR DE SUITE AUX MEMOIRES *DES VOYAGES ET RECHERCHES* DU COMTE DE B*** à ROME.

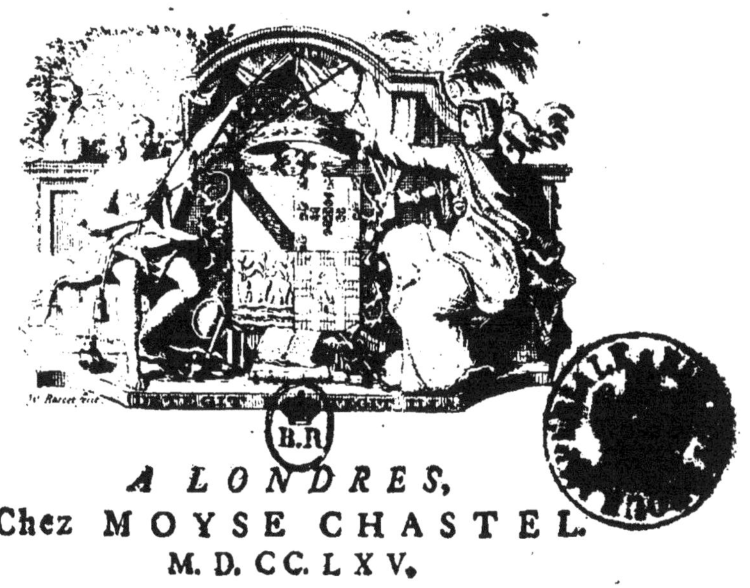

A LONDRES,

Chez MOYSE CHASTEL.

M. D. CC. LXV.

A

LEURS EXCELLENCES

MESSEIGNEURS

LES CONSERVATEURS

DE ROME.

MESSEIGNEURS,

Mon deſſein, dans le Livre que je préſente à Vos Excellences, eſt de tracer un Monument de la magnificence de Rome, auquel le tems de votre Adminiſtration puiſſe ſervir d'Epoque. Je ſerois en droit de mettre ici, dans tout leur jour, la ſupériorité du Rang que vous occupez, l'élévation du Caractère que vous avez à ſoutenir, & la grandeur de la Dignité dont vous êtes revétus. Il ſuffiroit, pour cela, de dire que toute la Majeſté de l'ancienne Magiſtrature de Rome réſide en vous, puis que vous

) (2

ſeuls

feuls repréfentez cet augufte Corps; car tout
ce qu'on voudroit dire de plus ne pourroit
qu'affoiblir une fi haute idée que la connoiffance des éminentes Charges que vous poffé-
dez reveille naturellement dans tous les efprits.
Mais ce n'eft point pour parer mon Ouvrage
de l'éclat de vos Titres ni du luftre de vôtre
Dignité, que je les mets à la tête de ce Livre;
je ne l'offre à Vos Excellences, que parce que je fuis perfuadé que perfonne ne fauroit
être plus fenfible que vous, Messeigneurs,
aux foins qu'on peut prendre de faire connoître le prix ineftimable de ces excellens Monumens qui enrichiffent la magnifique Rome, cette fuperbe Ville, des Ornemens de laquelle les
Loix vous ont établi les Confervateurs, Rome
toujours la première Ville du Monde, toujours
la Capitale de l'Univers par la pompe de fes
Temples, par la magnificence de fes Palais, par
les nouveaux Ouvrages dont les plus grands
Génies des derniers fiécles l'ont embellie, &
par les précieux Reftes de fes Edifices anciens
jufques dans les débris & la pouffiére defquels
elle

elle triomphe encore de ce qu'il y a de plus beau dans tout le reste de la Terre. Les Descriptions suivantes justifieront mieux ce que j'avance ici, que toutes les raisons que je pourrois en apporter, c'est pourquoi je n'en dirai pas davantage. Je suis, avec le plus profond respect,

MESSEIGNEURS,

Vôtre très-humble & très-obéissant
serviteur,

RAGUENET.

PREFACE.

Je vais essayer, dans cet Ouvrage, de faire revivre l'ancienne réputation des Monumens de la vieille Rome, & de consacrer à la postérité ceux de la nouvelle: De présenter à l'imagination de quiconque lira ce Livre, comme dans un Tableau abbrégé, les plus rares productions des siécles les plus florissans pour les Arts portés par les Grecs & par les Romains jusqu'au souverain degré de la perfection: De donner, s'il se peut, par les expressions dont je me servirai, de l'éclat aux plus brillans Chef-d'œuvres de Peinture; & du relief, aux plus magnifiques morceaux de Sculpture & d'Architecture qui soient au monde: D'illustrer des Ouvrages qui, depuis tant d'années, rendent illustre la plus célébre Ville de l'Univers; & de vaincre même quelquefois, par mes descriptions, les Ouvrages que je décris.

Je peindrai, si je puis, encore plus à l'esprit qu'aux yeux, ces Monumens dont le Monde entier subjugué par les Romains fut dépoüillé; dont Rome a été décorée dans les tems de sa plus grande splendeur; qui ont servi d'ornement aux triomphes des Conquérans, aux Palais des Empereurs, aux Temples des Dieux; qui ont été adorés comme des Dieux mêmes; & qui, consultés de toutes parts, ont rendu des Oracles qui ont reglé, durant plusieurs siécles, la destinée des plus puissans Etats du Monde: Monumens qui attirent encore, tous les jours, à Rome des Etrangers de tous les endroits de la Terre; que tous les Potentats & tous les Souverains de l'Europe font copier; & dont les Images, & les Copies font la plus magnifique décoration de leurs Palais & de leurs Jardins.

Je veux tâcher de faire voir Rome, sans Rome même: De découvrir au Lecteur, en deux ou trois heures de Lecture, autant de beautés qu'il en pourroit peut-être vôir, en une année, sur les lieux: De fixer ces beautés sujettes aux injures des tems; & de faire en sorte que, si les Monumens viennent à périr, l'Idée n'en périsse pas.

Je

PREFACE.

Je prétens justifier le goût & le discernement des Anciens qui ont mis ces sortes d'Ouvrages à un si haut prix, qu'il s'est trouvé, parmi eux, des Princes dont les uns, pour un seul morceau de Peinture, ont offert d'acquiter les dettes immenses d'une Province entiére; d'autres ont donné de très-puissantes Villes en échange: d'autres enfin ont mieux aimé manquer à prendre celles qu'ils assiégeoient, & perdre tous les frais d'une grosse Guerre, que d'exposer un seul Tableau au danger de périr dans le sac de ces Villes.*

Je vais enfin employer tous mes efforts pour faire toucher au doigt la vérité de ce qui a été dit de plus extraordinaire, de ces excéllens Ouvrages, par ceux qui les ont le plus vantés; & donner un juste degoût à tout le monde pour tout ce qui n'a qu'une beauté médiocre dans des Arts dont les productions n'étant nullement nécéssaires pour l'usage ordinaire de la vie, ne doivent être estimées que lors qu'elles sont portées jusqu'à l'excellence.

Pour cela, il ne suffit pas de faire des descriptions superficiélles, en termes vagues & généraux; il faut entrer dans l'esprit des Peintres, des Sculpteurs, & des Architectes, & y lire leurs pensées les plus intimes; il faut, pour ainsi dire, creuser la partie la plus secrete de l'Ame de ces grands hommes, & y démêler des intentions souvent très-opposées quoiqu'unies ensemble; il faut sonder leurs desseins les plus profonds; rechercher leurs expressions les plus étudiées; révéler les Mystéres de l'Art les plus cachez; rendre palpables & sensibles les agrémens les plus fins & les charmes les plus imperceptibles de leurs Ouvrages; & y faire voir à tout le monde ce qu'il n'y a peut-être qu'eux qui ayent jamais bien vû.

Dans la Carriére où je m'engage, je ne vois point de Guide que je puisse suivre. Philostrate, Calistrate, Pausanias, Lucien, Cassiodore,

*Plin. l. 35.

fiodore, Pline, & les autres Anciens n'ont point affez approfondi le fecret des Arts dont ils ont décrit les productions: Et pour les Modernes, comme ils ne fe font propofé que d'imiter ces Anciens, & qu'ils font même reftés beaucoup au deffous d'eux, je les prendrai encore moins pour mes Modeles. Mais ainfi, fans Guide, dans une route fi délicate, prenons garde de faire de faux pas; & tâchons de foutenir nâtre entreprife de telle forte, qu'on ne puiffe pas nous reprocher d'avoir mal répondu aux grandes & magnifiques promeffes que nous avons faites.

NOMS DES GRANDS HOMMES

Des Ouvrages, defquels il eft parlé dans ce Volume.

Agafias.
Agefander.
Athénodore.
Le Cavalier Bernin.
Guillaume Bertelot.
Annibal Carache.
Le Caravage.
Le Corrége.
Le Dominiquin.
Le Cavalier Fontana.
Glicon.
Le Guide.
Jules Romain.
Le Cavalier Lanfranc.

Charles Maderne.
Eftienne Maderne.
Le Micarin.
Michel-Ange.
Phidias.
Guillaume de la Porte.
Praxitéle.
Scipion Pulzone.
Raphaël d'Urbin.
Le Tintoret.
Le Titien.
Paul Véronêfe.
Daniel de Volterre.
Le Pére Matthieu Zaccolino.

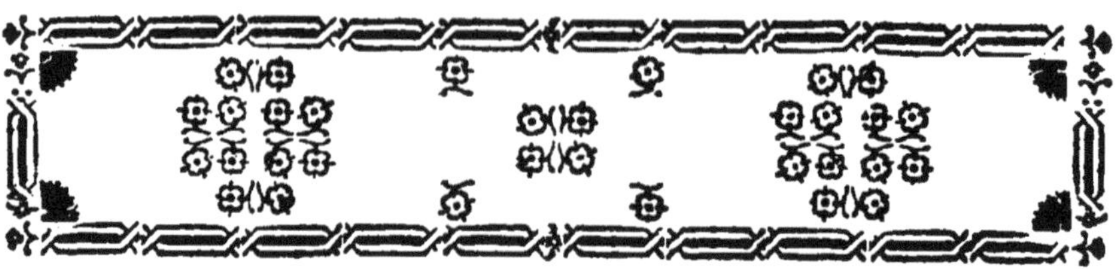

OBSERVATIONS NOUVELLES

SUR LES PLUS

BEAUX MONUMENS

QUI SE VOYENT

A ROME ET AUX ENVIRONS.

OUVRAGES DE PEINTURE

Qui se voyent à la voûte de l'Eglise de S. André *della Valle*,

Par Dominique Zampiéri, *nommé communément* le Dominiquain *natif de Bologne en Italie.*

C'EST à la vuë de ces Peintures, qu'on reconnoît que les grands Peintres répandent dans leurs ouvrages des caractéres de beauté si sensibles, que jusqu'au peuple & aux ignorans, tout le monde en sent l'excellence.

Dans l'endroit le moins avantageux de la voûte du Chœur, & dans un espace assez étroit, le Dominiquain a peint JESUS-

CHRIST

CHRIST, qui, du bord du lac de Généfareth où il eſt, décou-
vrant Simon & André dans une barque, les appelle à lui pour en
faire deux de ſes diſciples.   Cette action, qui n'eſt marquée que
par un ſeul geſte très ſimple, eſt exprimée d'une maniére ſi naturelle, que du premier coup d'œil, tout le monde connoît de quoi
il s'agit : que JESUS-CHRIST appelle à lui ces deux Péſcheurs :
qu'André lui tend les bras pour lui demander par quel moyen il
pourra aller à lui; & que Simon plein de confiance ſaute hors de
la barque, ſeur de marcher ſur les eaux, comme ſur la terre ferme, au ſon de la voix divine qui l'appelle.

Le mouvement de la barque, & l'action de celui qui la conduit, ſont des expreſſions qui égalent ce qui a jamais été fait de
plus ſublime par les Peintres.   On voit ce Barcarolle enfoncer ſa
rame; & ſe portant deſſus de tout le poids de ſon corps en l'air,
donner l'impreſſion & le mouvement à la barque.   Vous gage-
riez que vous la voyez avancer, fendre les eaux, les faire bruire
& écumer.   Il eſt impoſſible que l'action, l'effort, & la grace
de ce Barcarolle ſortent jamais de la mémoire quand on en a vû
l'expreſſion dans cette peinture; & cependant ces choſes s'effa-
cent ſouvent de l'imagination de ceux qui ont vû de véritables
Barcarolles ſur des barques très réelles : tant il eſt vrai que l'art,
quand il eſt pouſſé juſqu'à un certain degré d'excellence, fait des
impreſſions plus puiſſantes & plus durables que la nature même.
Auſſi le Pouſſin, lequel a été ſans contredit le plus ſavant des
Peintres modernes, diſoit-il ordinairement, Quil ne connoiſ-
„ ſoit point d'autre Peintre que le Dominiquain, pour les expreſ-
„ ſions; & qu'il avoit été plus loin en cela que les Caraches
„ mêmes.

Mais la maniére dont le Dominiquain a mis en perſpective
cette barque & ce Barcarolle, me paroît ſurpaſſer tout le reſte,

& être

& être au-deſſus même de tout ce qu'on en ſauroit dire; car quoi
que l'un & l'autre ſoient peints dans l'endroit le plus concave de
la voûte, il n'y paroît non plus de racourci que s'ils étoient ſur
une muraille toute droite & ſur une ſuperficie toute plate.   Auſſi
ce Peintre, quoi que le plus modeſte des hommes, ne put-il
ſempêcher de dire, un jour, à un de ſes amis qui lui demandoit
par quelles régles il avoit trouvé le moyen de produire un effet
„ ſi ſurprenant dans la Peinture; Que n'ayant pû tirer de l'art,
„ aucun ſecours pour cela, il avoit eû recours à ſon propre génie.

Les Evangéliſtes des quatre angles du Dôme ne paroiſſent
rien moins que de la peinture plate, mais ſemblent être de véritables figures poſtiches, appliquées ſur le plâtre; & le Lion d'un
de ces Evangeliſtes, avec lequel des enfans jouent, eſt une piéce
incomparable.

Les Vertus peintes au deſſus du cordon qui ſe voit autour
du chevet de l'Egliſe, paroiſſent, de même, des véritables ſtatues
placées dans des niches, ſaillantes hors de la muraille. & iſolées
de tous côtez; & celle qui repréſente la pauvreté volontaire, a
par deſſus les autres, un relief qui paſſe tout ce qu'on a jamais
vû en ce genre-là: il ſemble qu'elle ne tienne pas même a la muraille ſur laquelle elle eſt peinte, & il n'y a perſonne qui n'y ſoit
trompé.

Le payſage qui regne dans cette voûte, eſt partout d'un
grand goût, & d'un beau faire; les ſites en ſont parfaitement
bien liez, & en même tems très-bien dégagez; compoſez de peu
d'objets, mais bien choiſis.   Les lieux y ſont animez par les
eaux dont la nature eſt d'être en mouvement; & ces eaux em-
bellies par les reflets des objets voiſins, y ont une fraîcheur délicieuſe.   Les couleurs y ſont toujours vraies dans les lointains.
Les arbres en ſont de formes bien variées, les touches ſpirituelles

A 2

& pre-

& précieuſes, ayant peu de traits, mais qui expriment beaucoup; en un mot, tout y eſt dans le goût exquis des Caraches ſes maîtres.

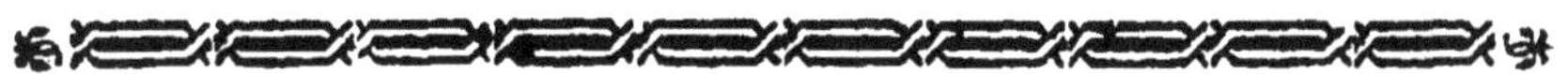

LES COLOMNES ANTONINE ET TRAJANE,

Qui ſe voyent dans les Places qui ont le même nom.

CEs deux Colomnes ſont toutes deux à limace, de marbre blanc, & toutes couvertes de bas-reliefs.

La Colomne Trajane eſt haute de cent quarante pieds; & l'Antonine, de cent ſoixante & quinze. Elles ont l'une & l'autre toutes les proportions des Colomnes faites ſuivant les régles les plus exactes de l'Architecture; ainſi on peut juger de leur groſſeur, par leur hauteur.

Il y a un eſcalier en forme de vis, dans chaque Colomne, par le moyen duquel on peut monter juſqu'au deſſus de leur chapiteau. L'eſcalier de la Colomne Trajane a cent ſoixante & treize marches; & celui de l'Antonine en a cent quatre-vingt-dix: & ces eſcaliers ſont éclairez par quarante petites fenêtres qui ſont pratiquées le long du fuſt de chacune des Colomnes.

Les Urnes d'Antonin & de Trajan étoient autrefois ſur ces Colomnes; & les bas reliefs dont elles ſont couvertes, repreſentent les victoires remportées par les Romains, ſous le regne de ces deux Empereurs. On y voit leurs combats de terre, & leurs triomphes, mieux repréſentez qu'on ne le ſauroit voir ſur aucune médaille, ny par le moyen d'aucune eſtampe. Les hommes, les chevaux, tout y vit, tout y marche, tout y combat véritablement, mais avec rage. Les Romains en triomphe ſemblent partir, avancer, & cheminer autour de la Colomne; juſque ſous

leur

leur habit de-guerre ils font pleins de majefté en allant au com
bat.

On y voit un nombre infini de figures, une varieté furprenante d'attitudes & d'actions; & il n'y a qu'un génie inépuifable
qui ait pû fournir au deffein d'une compofition remplie d'une fi
prodigieufe abondance de penfées toutes différentes.

L'uniformité du travail de ceux qui ont taillé ces bas-reliefs,
eft encore une chofe étonnante; tout y eft également achevé,
tellement qu'il femble que tout y ait été fait par le même ouvrier,
& que ce foit le travail du même cifeau.

Mais ce qu'il y a de plus admirable dans toutes les figures
de ces bas-reliefs, c'eft la proportion qui y a été obfervée par
raport à leur fituation; car elles vont toujours en grandiffant,
à mefure qu'elles font plus élevées; de forte que celles qui font
au haut de la Colomne fe voyent auffi-bien que celles qui font au
bas; & tout y eft fi égal, que l'efprit trompé par les yeux ne
s'avife point de penfer à la différence de la fituation des objets qui
doit, par une fuite néceffaire, emporter la difference de leur
grandeur.

Enfin, c'eft de ces précieux Monumens, que le grand Raphael d'Urbin même a tiré les plus belles penfées, & les expreffions les plus finguliéres dont il a enrichi fon fameux tableau de
la bataille de Conftantin contre Maxence, qui fe voit au Vatican,
& dont nous donnerons la defcription dans la fuite de cet ouvrage.

Au refte, ces deux Colomnes font encore prefqu'auffi en-
tieres qu'elles étoient le jour auquel on les éleva, & elles font beaucoup mieux confervées que la plûpart des médailles qui furent
frappées au même tems. C'eft-là ce qui s'appelle des Monumens
véritablement éternels, & des inftrumens feûrs pour procurer
l'immortalité à ceux pour qui ils ont été faits; car ils font, par

eux-

eux mêmes, à l'épreuve des injures du tems; & quand le monde dureroit encore autant qu'il a duré, il ne paroît pas que ces Colomnes doivent moins durer, si on ne les renverse & si on ne les détruit pas de.dessein formé : Aussi font-ce des ouvrages bien au-dessus de la capacité des autres peuples, & de la portée de ces derniers siécles.

Les Anciens ont fait paroître au moins quelque sorte de fécondité de genie dans l'art d'inventer des Monumens pour éterniser la gloire de leurs Princes; *Colomnes, Piramides, Sepulchres, Arcs de triomphe, on voyoit de la diversité dans leurs ouvrages; mais il semble que tous ceux qui s'en mêlent aujourd'hui, n'ayent dans la tête qu'une statue équestre.

LE SAINT SEBASTIEN,

Tableau qui se voit au Palais Borghése;

Par Dominique Becafumi, autrementé appellé le Micarin, *natif de Sienne.*

L'EXCELLENCE de ce Tableau fait bien voir, qu'un Peintre d'un nom peu éclatant fait quelquefois des chef-d'œuvres qui égalent les ouvrages des plus grands maîtres. Saint Sébastien y est représenté le corps tout percé de fleches; une sainte & charitable **femme retire ces fléches de son corps, mais avec une

---

* Les Colomnes Traiane & Antonine; la Pyramide de Cestius; les sepulchres d'Auguste, & d'Adrien, les Arcs de triomphe de Septime Severe, de Titus, de Constantin, &c.

**Irénée, veuve du Martyr Castule.

une action inimitable, qui fait connoitre à tous ceux qui la regardent, combien elle reffent de peine de la douleur qu'elle fait fouffrir à ce faint Martyr, & combien elle voudroit pouvoir le foulager en lui caufant le mal qu'elle lui fait malgré elle; elle appréhende de le bleffer, en remédiant à fes bleffûres; elle tremble de le faire fouffrir, en lui rendant ce douloureux fervice; elle fouffre la première, & avant lui, la douleur officieufe qu'elle lui caufe; elle tire ces fléches avec art, avec précaution, & avec je ne fai quelle prudence induftrieufe; jamais on n'en tira avec une adreffe fi délicate, & en faifant fi peu de mal au bleffé; elle ménage la playe & la fleche, elle y accomode le mouvement de fa main; quand ce feroit de fon propre corps qu'elle la tireroit, elle ne le feroit pas avec plus de ménagement & avec plus de mefures; il femble qu'elle fente le degré de douleur qu'il fouffre, & qu'elle y proportionne la force quelle employe: Ce n'eft point une repréfentation qu'on regarde, c'eft une action réelle à laquelle on affifte; on compatit au faint Martyr qui fouffre; on conduit, des yeux, la main de la fainte femme qui le foulage; & peu s'en faut qu'on ne croye l'aider, tant on s'intereffe à fon action.

OB-

✿✿✿✿✿✿✿✿✿✿✿✿✿✿✿✿✿✿✿）✿✿✿✿✿✿✿✿✿✿✿✿✿✿

OUVRAGES de SCULPTURE

Qui se voyent à la Vigne *Borghese hors de Rome.

L'APPOLLON ET LA DAPHNE',

Groupe qui se voit dans le Palais de cette Vigne,

Par Jean Laurent Bernini, communément appellé le Chevalier Bernin, *natif de Naples.*

LE Groupe d'Appollon & de Daphné a emporté le prix de la réputation sur tous les ouvrages des derniers siécles, si bien qu'il est appellé communément, *le Miracle de la Sculpture moderne.*

C'est une chose qu'on ne sauroit assez admirer, que le Bernin, d'un bloc de marbre d'une aussi petite étenduë, ait sû faire deux figures toutes deux courantes comme celles-ci, dont l'une fuit, & l'autre court après. Il n'y a pas plus d'un demi pied de distance entre Apollon & Daphné, le Dieu saisit déja la Nymphe; cependant on voit bien qu'il ne la saisit qu'après avoir couru à perte d'haleine; & l'expression que le Sculpteur lui a donnée, fait connoître, d'une maniére sensible, qu'il est au bout de ses forces dans le moment qu'il l'attrape. Ainsi le Bernin a sû donner au marbre, non seulement l'agilité du mouvement, mais encore la rapidité de la course la plus vîte.

Qui dirai-je de la beauté de l'Appollon, & de celle de la

D2

---

*On appelle Vignes les maisons de plaisance qui sont à Rome & aux environs.

Daphné? Vit-on jamais de plus beaux traits, ni de plus beaux corps à aucun Dieu, ou à aucune Déeſſe?

C'eſt le marbre le plus dur qui ait jamais été travaillé, & cependant il eſt taillé avec tant de tendreſſe, qu'il paroît de la chair même.

Les pieds de Daphné qui commencent à s'allonger en racines, ſont le travail du ciſeau le plus fin, & de la main la plus habile qui fut jamais; ce ſont fibres de marbre délicates, ſi bien tirées, & formées avec tant d'induſtrie, qu'on voit bien encore que ce ſont des pieds, quoi que ce ſoient déja des racines: C'eſt l'inſtant du changement, & l'action même de la *Métamorphoſe, qui y eſt exprimée; il ſemble qu'on voye ce changement ſe faire inſenſiblement, & comme par degrez. A la vuë de cette expreſſion admirable, on demeure perſuadé que Daphné a été veritablement métamorphoſée. Le Bernin rend naturelle & aiſée une choſe impoſſible; car, à voir ce merveilleux groupe, il ſemble qu'il ſoit très-aiſé & très-naturel qu'un pied prenne racine, & que tout un corps humain ſe change en arbre. Les bras deviennent inſenſiblement des branches; & les doigts, de petits rameaux qui forment déja des bouquets de feüilles; de ſorte qu'il ſemble que la métamorphoſe ſe fait dans le moment qu'on la regarde, & que tous ces changemens ſe forment à vuë d'œil.

Mais ce qu'il y a de plus excellent, à mon gré, dans ce chef d'œuvre, c'eſt le corps de Daphné, où quoique les proportions ſoient ſi exactement obſervées, on entrevoit déja l'idée d'un tronc d'arbre; où la forme groſſiére que devroit avoir une choſe auſſi matérielle que ce trone, n'empêche point que le Sculpteur n'ait conſervé non ſeulement le trait délicat d'un corps hu-

B

main,

---

*Cette Metamorphoſe eſt décritte par Ovide, au Livre 1, de ſes Metamorphoſes.

main, mais encore ces contours ſi élégans & ſi gracieux par leſ-
quels les Anciens diſtinguoient les corps de leurs Divinitez, d'avec
ceux des hommes; & où enfin, par un prodige de l'art, l'action
de croître qui ne ſe fait que par des degrez imperceptibles dans
la nature & qui doit par conſequent être inſenſible, ſe fait néanmoins ſentir dans l'attitude merveilleuſe où le Bernin a mis ce
corps, par un eſpèce d'élancement qu'il lui a donné, & qui le fait
déja paroître plus haut que celui d'Appollon, à qui il eſt prêt d'é-
chaper en s'elevant dans les airs par ſon accroiſſement.

Au reſte, la modeſtie du Sculpteur me paroît couronner
tout le mérite de ſon ouvrage; & cette modeſtie ne fait pas moins
voir ſon génie, que ſa ſageſſe; car Apollon, tout nud qu'il eſt,
s'y trouve couvert par les feüillages qui ont été ingénieuſement
pratiquez entre lui & Daphné: Et cette Nymphe dont il croit
ſaiſir le corps, eſt déja Laurier à l'endroit où il la touche; de ſorte qu'on ne voit rien, de ce côté-là, que l'écorce de l'arbre qui
commence à ſe former de tout le corps de Daphné.

Que ſi, après tout cela, on vient à faire réflexion que le
Bernin n'avoit encore que dixhuit ans, lorſqu'il fit cet excellent
ouvrage, qui égale les plus rares productions de l'Antiquité & qui
paſſe toutes celles des derniers tems, n'admirera-t'on pas le génie,
ce précieux don du ciel, lequel eſt indépendant des ſiécles & des
années; qui fait qu'on peut, en tout tems comme à tout âge,
porter les ouvrages de l'art juſqu'à la ſouveraine perfection; qu'il
n'y a rien en quoi les Modernes ne puiſſent l'emporter ſur les Anciens, & qu'il n'eſt nullement impoſſible que de jeunes gens qui
ne font que de naître, produiſent quelquefois, pour les coups
d'eſſai, des ouvrages qui ſurpaſſent les chef-dœuvres des maitres
les plus conſommez!

LE

LE BELISAIRE MANDIANT, *

Statue antique.

CETTE ſtatue a, dans ſon attitude, une expreſſion ſi parfaite, que, ſans ſavoir qui elle repréſente, on voit bien tout
d'un coup que c'eſt un homme qui mandie, & en même
tems que c'eſt un grand Seigneur: accord rare & difficile à faire
& à repréſenter dans la même perſonne & preſque par les mêmes caractéres! car l'air d'un grand Seigneur & celui d'un mandiant ſont bien différents; cependant le Sculpteur a ſû ſi bien les
unir, dans cette ſtatue, qu'on voit bien que cet homme eſt l'un
& l'autre tout à la fois.

La pauvreté y eſt tempérée par je ne ſai quel caractére de
modeſtie qui accompagne toujours la pauvreté & l'indigence.

C'eſt un air d'élévation, mais d'une élévation flétrie par la
miſére; c'eſt une attitude de mandicité, mais d'une mandicité
cauſée par un ſort injuſte.

On voit bien que c'eſt un grand homme, mais qui eſt dans
le dernier beſoin; on voit bien que c'eſt un pauvre, mais un
pauvre nourri dans l'abondance & dans les richeſſes; & qui, bien
loin d'être né mandiant, paroit accoutumé à donner lui-même
libéralement à ceux qui mandient; un pauvre qui ſe voit réduit
à une étrange extrémité de miſére, mais qui connoît néanmoins
ſes talents, ſa capacité, & ſes emplois paſſez; un pauvre enfin
qui ne s'éléve point par l'idée des poſtes importans qu'il a remplis, & qui ne ſe laiſſe point trop abbatre par le triſte état où il
ſe voit tombé; qui connoît ſa fortune paſſée, ſans en être vain;

B 2

& qui

---

*Beliſaire, Général des Armées de l'Empereur Juſtinien dans le ſixieme ſiécle,
fut reduit à demander l'aumône dans les ruës de Conſtantinople, pour vivre.

& qui fent fa difgrace préfente, fans s'en laiffer accabler: Car ces doubles fentimens, quoi qu'unis dans l'air & dans l'attitude du Bélifaire, y font cependant fans aucune confufion, & s'y de-mêlent très-facilement.

LA FAUSTINE, ET SON GLADIATEUR.

Groupe antique.

ON ne peut regarder ce Groupe fans croire qu'on voit en-core Fauftine elle-même tremblante pour la vie du Gladi-ateur dont elle étoit éperduement amoureufe, le vouloir retenir lorfqu'il eft fur le point de partir pour aller combattre à l'amphithéâtre,   On démêle,   dans fes fentimens, le fol amour dont elle eft éprife; fa paffion qui brûle de fe fatisfaire; fa naif-fance qu'elle voit bien qu'elle déshonore, la grandeur de fon rang qu'elle avilit; les empreffemens timides & effrontez, foibles & hardis d'une femme qui aime, & qui fent bien qu'elle péche; la peur qu'elle a que fon amant ne meure; les efforts qu'elle fait pour l'arrêter: car toutes ces paffions font fi naturellement exprimées dans fon air & dans fon attitude, qu'on ne peut s'attacher à la regarder fans entrer dans fes fentimens; & qu'on auroit pitié de la peine d'une fi grande Impératrice, fi on n'avoit honte de fa foibleffe.

LE

LE GLADIATEUR.

Statue Antique,

Par Agasias natif d'Ephèse.

IL n'y a, au monde, que six statues de la force de celle-ci; c'est une de ces sept *fameuses du premier rang, qui nous sont restées des Anciens, chez qui même elles ont toujours été regardées comme des prodiges de l'art; ce Gladiateur ayant passé, dans les tems les plus florissans de l'Empire Romain, pour un miracle de la Sculpture Grecque.

Il n'y a pas une seule partie de son Corps, qui ne fasse voir qu'il ramasse toutes ses forces contre son adversaire; tous ses muscles, depuis la tête jusqu'aux pieds, son tendus, gonflez d'esprits, & occupez à fournir à la véhémence du coup qu'il veut porter.

Il n'y a point d'homme qui puisse se camper, se poster, & préparer toutes les forces ramassées de son corps, en la maniére que le fait ce Gladiateur, à moins que d'être Gladiateur de profession, c'est-à-dire, d'avoir été instruit à combattre par de longs exercices, & d'en avoir appris le métier par regles.

C'est une chose admirable à voir comment tout son corps est étendu depuis l'extrémité de l'orteil du pied sur lequel il se soutient, jusqu'au bout des doigts du bras qu'il avance en l'air; il semble qu'un nerf puissant & vigoureux soit tendu depuis l'un jusqu'à l'autre, passant sur les reins, qui sont aussi bandez que le bras & la jambe.

B 3

Qu'un

*La Vénus de Medicis, l'Hercule de Farnése, l'Appollon, le Laocoon, le Myrmillon, le Méléagre, & ce Gladiateur, qu'en nomme communement le Gladiateur de Berghése.

Qu'un Borelli *qui a étudié à fond la méchanique des mouvemens du corps humain , eût dessiné une figure dans l'attitude
de cette statue, je n'en serois pas surpris, parce-que nul Philosophe de nôtre tems n'a si bien sû que lui, en quelle situation &
en quelle posture l'homme a le plus de force, ayant fait une étude
singuliére de cette science pendant presque toute sa vie: Mais
qu'un Sculpteur l'ait faite aussi-bien que Borelli l'auroit pû faire, si,
avec toutes ses lumiéres, il avoit sû la Sculpture, c'est un prodige qui me confond; car il faut, pour le concevoir, que je suppose que les découvertes que ce grand Philosophe a faites par les
plus profondes méditations, & que je croyois les choses du monde les plus nouvelles, fussent si vulgaires parmi les Anciens, que
des gens qui n'étoient ni Physiciens, ni Anatomistes, ni Mathé-
maticiens de profession, les possédoient aussi-bien que Borelli.
Car il est vrai que le Statuaire, qui, dans cet ouvrage, a eû dessein de
faire la figure d'un Gladiateur, lequel ramassât toutes les forces dont
le corps humain est capable pour assener le plus grand coup qu'un
homme puisse frapper, a fait cette statue de telle sorte, & lui a
donné une telle attitude, qu'il n'y a pas un seul muscle dans tout
le corps, qui ne concoure à fortifier & à affermir ce grand coup;
de maniére que quand ce seroit Borelli lui même qui auroit entre-
pris de faire ce Gladiateur, il n'auroit pas pû, avec toute sa méchanique, trouver une situation plus propre à cette action, que
celle que lui a donnée un simple Sculpteur de l'ancienne Gréce.

L'HERMAPHRODITE DORMANT,
Statue antique.

CETTE Antique fut trouvée à l'endroit où est présentement
Nôtre-Dame de la Victoire, lorsque l'on y foüilla pour faire

les

*Philosophe méchaniste, lequel a fait, sur le mouvement des animaux, un
Traité qui est une des plus excellentes productions de nôtre siecle.

les fondemens de cette Eglife. Elle avoit, felon toutes les ap-
parences, fervi d'ornement aux Thermes de Dioclétien, ou aux
Jardins de Salufte. Guillaume Bertelot, françois de nation, fut
chargé du foin de la reftaurer, & c'eft une des plus excellentes
piéces qui nous foient reftées de l'Antiquité.

Le génie de celui qui l'a faite, s'y découvre d'une maniére
admirable, dans l'art avec lequel, en ne faifant paroitre qu'un feul
fexe, il fait pourtant connoitre que cette perfonne a tous les
deux; car il l'a repréfentée couchée fur le ventre; de forte que le
dos paroiffant vifiblement être celui d'une femme, & le fexe de
l'homme fe voyant par deffous, il faut demeurer d'accord que
c'eft l'attitude & l'expreffion les plus heureufes que l'efprit humain
pût jamais inventer pour repréfenter un Hermaphrodite d'une
maniére qui ne fût point immodefté.

Le Bernin a fait telle matelas de marbre fur lequel cette ftatue
eft couchée, qu'il n'y a perfonne qui ne croye d'abord que c'eft
un matelas de véritable futaine. Tout le monde, fans favoir
trop bien pourquoi, y porte le doigt, & chacun fent, avec je
ne fai quelle horreur qui fait frémir, la dureté du marbre qui
réfifte, là où il étoit naturel de croire que le doigt allât enforner.

LE NARCISSE.

Statue Antique.

IL ne faut que jetter la vuë fur ce Narciffe, pour voir tout
d'un coup qu'il fe mire, quoi qu'il n'y ait rien autour de
lui où il fe puiffe mirer. Cependant, il femble qu'il foit
effentiel de mettre un miroir ou une fontaine devant une perfonne
pour la préfenter lorfqu'elle fe mire; néanmoins, ici, fans l'un

& fans l'autre, le Sculpteur fait voir évidemment que Narciffe fe mire, la force de fon expreffion fuppléant aux fontaines & aux miroirs.

Il faut favoir bien attraper la nature, pour pouvoir ainfi exprimer les actions dépoüillées de leurs circonftances les plus effentielles. Les Statuaires d'aujourd'hui ont encore bien de la peine à en venir à bout, en les accompagnant de toutes leurs circonftances, même les plus inutiles. Ici le Sculpteur, fans aucun de ces fecours, reprefente l'action de fa ftatue dans toute fa force, par fa feule attitude, & par la feule énergie de fon expreffion.

LE SENEQUE MOURANT,

Statue Antique.

SENEQUE eft ici repréfenté les veines ouvertes, & perdant tout fon fang dans une Cuve de marbre noir, où il eft tout nud, & debout, quoi qu'un peu voûté.

La Cuve n'eft creufée que de la hauteur d'un demi pied, & tout le dedans eft de porphyre plat & uni.

La ftatue n'eft pas non plus entiére, car elle n'a que le haut des jambes, qui font enchaffés dans le porphyre, dont la Cuve eft pleine.

Rien ne reffemble tant à la couleur du fang que celle du porphyre; tellement que Sénéque en cette fituation paroît être veritablement dans fon fang jufqu'à mi-jambes, au milieu d'une Cuve profonde qui en eft déja prefque remplie.

Il eft de marbre noir, ce qui fait paroître encore plus mourans fes yeux qui font d'albâtre.

Tous les fentimens dont il eft rempli dans cette extrémité

font

font repréfentez fi vivement fur fon vifage & dans fon air, qu'il n'y a perfonne qui ne les y puiffe lire: on y voit manifeftement, que ce grand Philofophe fent qu'il touche à fa derniére heure ; & qu'il va perdre la vie avec le refte de fes forces, qui commencent à lui manquer; qu'il eft pénétré de l'immortalité de fon ame, déja occupé par avance de l'autre vie dans laquelle il va entrer, perfuadé d'une juftice fuprème, d'une providence univerfelle, convaincu de l'exiftence d'un premier Etre qu'il réclame, qu'il envifage même fixement à ce qu'il paroît.

Son attitude expirante, fes regards mourans portez du côté du ciel, fon vifage moribond élevé vers les Dieux, fon fang épuifé, fes forces abbatuës, tous les membres de fon corps languiffans, la défaillance générale où il va tomber, tout cela enfemble forme une expreffion fi touchante, que tous les fpectateurs en font attendris.

On croit être véritablement préfent à la mort de cet infortuné Philofophe, & le voir dans fon agonie rendre les derniers foupirs. Oui, quand on a bien confidéré cette ftatue, on ne peut guéres s'empêcher de croire, toute fa vie, qu'on a été témoin oculaire de ce grand événement, & qu'on a véritablement affifté à ce trifte fpectacle.

Si nos Sculpteurs favoient faire un CHRIST d'une pareille expreffion, il eft conftant qu'il tireroit des larmes des yeux de tous les Chrétiens fans le fecours d'aucune éloquence; puis que ce Payen expirant attrifte (par la feule expreffion) tous ceux qui le voyent, quoi qu'on ne prenne en lui aucun autre intérêt, que l'intérêt commun de la nature, dont le fentiment nous rend compatiffans à la vuë de tous les objets dignes de pitié.

C

HER-

HERCULE ETOUFFANT ANTHE'E.

Tableau qui se voit dans le Palais de la même Vigne.

Par le Chevalier Jean Lanfranc natif de Parme.

HERCULE tenant Anthée en l'air, le ferre d'une si furieuse force en le prenant au défaut des côtes, qu'il lui écrase tout le corps, & fait presque toucher un des côtez à l'autre. Il semble qu'on entende les cris épouvantables que pousse ce pauvre malheureux qui se sent ainsi crever le ventre.

Hercule ferre, & fait des efforts terribles, jusqu'à en devenir tout contrefait; Anthée fait des cris, & souffre une douleur qui va jusqu'à le faire grincer les dents de rage; & on ne comprend pas comment un Peintre qui n'a jamais vû étouffer ainsi un homme en l'air, peut deviner toutes ces expressions & toutes ces attitudes.

Au-reste, il est facile de reconnoître, dans cet ouvrage, ce goût de dessein grand & ferme, fort & terible, d'Annibal Carache Maître de Lanfranc, auquel le Disciple a partout joint une liberté de pinceau & une légéreté de main qu'on peut regarder comme son caractére propre, & son talent particulier,

OU-

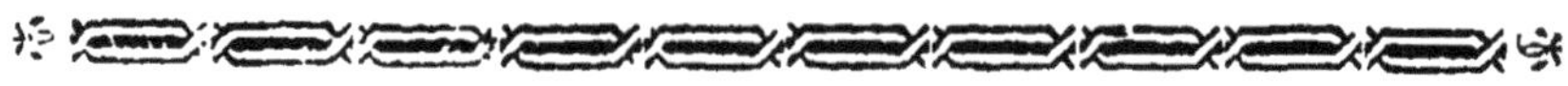

OUVRAGES DE SCULPTURE
QUI SE VOYENT AU CAPITOLE.

LES DEUX CHEVAUX DE MARBRE,

Qui font fur la baluftrade de la Cour.

Antiques.

Et les deux autres qui fe voyent à Monte-Cavallo, *dont l'un a été fait par Phidias, & l'autre par Praxitele.*

LEs deux Chevaux de marbre qui font à l'entrée de la Cour du Capitole, ont une attitude fi pleine de vie & de mouvement, qu'on ne peut paſſer pour entrer dans la Cour du Capitole, fans en avoir peur; car il n'y a perſonne qui en levant les yeux pour les regarder, ne croye qu'ils vont marcher fur fa tête. Il femble qu'ils n'ont plus que les pieds de derriére fur la baluftrade; que ceux de devant avancent déja hors l'enceinte de la Cour, & qu'ils vont fe jetter au bas du Capitole.

Cependant ces Chévaux, tout vifs qu'ils font, paroiſſent froids en comparaifon de ceux de *Monte-Cavallo.* On peut juger par là, de quel feu & de quelle vivacité doit être leur attitude.

Le Statuaire a choiſi l'attitude la plus animée & la plus impétueuſe des chevaux les plus fougueux, & il a fû la leur donner. Ils font tout en l'air, appuyez fur les deux jambes de derriére, qui font écarquillées & toutes pliées par la violence des efforts qu'ils font pour s'échapper, malgré les deux hommes qui les retiennent.

C 2

On

On voit leur peau se froncer, leurs jambes de devant s'élever, leur cou se tordre, & tout leur corps se cabrer; leur bouche est ouverte, leur langue sort, leurs nasaux enflammez renifflent & soufflent plutôt du feu que de l'air; &, à voir leurs mouvemens inquiets & leur action violente, vous diriez qu'ils vont se renverser tout à-fait sur le dos, ou se précipiter en emportant les hommes qui s'efforcent de les retenir.

Il faudroit qu'un cheval vivant & véritable fût bien vigoureux, & qu'il fût même extraordinairement poussé & forcé, pour faire paroitre la fougue & les emportemens de ceux-ci.

STATUE EQUESTRE

DE L'EMPEREUR MARC AURELE,

Antique.

IL n'y a constamment aucun cheval, ni Anglois, ni d'Espagne, quelque vif & quelque vigoureux qu'il soit, qui fasse paroître plus de vigueur & de vie que celui ci, tout de bronze qu'il est.

A voir sa légéreté, on diroit qu'il ne pése point sur le piéd-d'estal qui le soutient, & qu'il n'a pas besoin d'appui. A voir son action & son feu, vous diriez non seulement qu'il va partir, mais que ses pieds ne tiennent point à la base qui le porte, & qu'il marche véritablement; il semble qu'il ait plus de mouvement & de vie, que les chevaux mêmes qui se meuvent & qui vivent.

On a eû bien raison de dire que ces anciens Fondeurs versoient des ames dans leur airain en le fondant.

Mais que dire de la dorûre du Marc Aurèle? quel or, quel
bril-

brillant, quel éclat, quelle durée, quel art de dorer! Cette dorûre est si legére, si fine, si intiment unie au métal, qu'elle ne
fait plus qu'un même corps avec lui, & qu'il semble que ce soit une
statue d'or pur, & non plus du bronze doré.

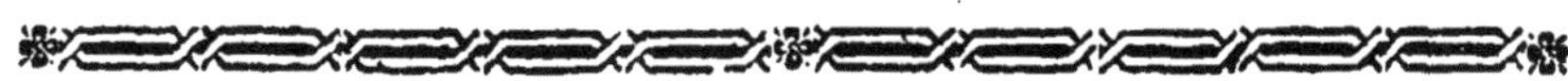

LE SAINT-MICHEL,

Tableau qui se voit aux Capucins de *Capole Case*,

Par Guido Reni, vulgairement nommé le Guide, natif de Bo-
logne en Italie.

JE n'ai vû aucun Tableau du Guide qui soit d'un coloris aussi brillant que celui-ci, où il a, pour ainsi dire, prodigué le
vermillon & l'azur qu'il employe si peu par-tout ailleurs.

Saint Michel y est peint dans l'attitude du monde la plus
noble & la plus auguste; les ailes étenduës, en l'air, le bras levé
& foudroyant, l'écharpe volante, l'habillement à la Romaine ;
toute la toile remplie de la vaste & spacieuse grandeur de cet Ange; son air victorieux & atterant; tout cela a quelque chose de si
pompeux, qu'une Créature ne sauroit avoir un air plus divin,
sans paroître un Dieu.

Que dirai-je de plus? Tous les talens du Guide me paroif-
sent éclater avec toute leur magnificence dans ce seul Tableau,
comme dans une commune expression; sa maniére facile, grande & noble, douce & gracieuse? son pinceau leger & coulant;
ses coups hardis passez sur les endroits les plus pénez, pour dé-
rober la vue & l'idée du travail qu'ils lui avoyent couté; sa finef-
se dans les figures; la grace & la dignité par tout répanduës; en

C 3

un

un mot toutes ces grandes & rares parties de son Art, qui lui ont acquis une réputation immortelle.

LA SAINTE CECILE,

Statue qui se voit sur le Tombeau de cette Sainte dans l'Eglise consacrée sous son nom.

Par Estienne Maderne, Lombard.

IL n'y a personne qui ne crût que cette Statue est un des ouvrages du Chevalier Bernin; car pour la délicatesse du travail & la tendresse avec laquelle le marbre y est taillé, c'est entièrement le goût & le génie de ce fameux Sculpteur.

Estienne Maderne qui l'a faite, a représenté sainte Cecile dans la posture où son corps fut trouvé long-temps après sa mort; c'est-à-dire couchée & etenduë de sorte, que la moitié de son visage étant contre terre, on n'en voit que l'autre moitié.

C'est ce corps mort ainsi trouvé, que Maderne a voulu représenter par cette Statue; & jamais dessein ne fut mieux exécuté.

Il semble qu'on voye effectivement une personne morte, & vétuë d'habits qui ont pris un tour conforme à la posture que lui a donnée sa chute en tombant par terre.

Ce n'est plus du marbre qu'on a devant les yeux, c'est de la chair, ce sont des habits qui l'enveloppent, & qui se sont arrangez suivant l'impression que le poids d'un corps mort qui tombe donne à ses membres destituez de vie & de mouvement.

La nonchalance de ces membres frappe les moins intelligens;

gens; on voit les bras fe joindre; & la tête emportée par fa pefanteur, fe tourner à demi d'un côté pour faire l'equilibre du refte du corps dans la fituation où il fe trouve.

Jusqu'aux bleſſûres que reçut la Sainte, tout eſt divinement
exprimé dans cette Statue; on voit fenfiblement que non feulement c'eſt un corps mort, mais que c'eſt le corps d'une perfonne morte de bleſſûres violentes, fans néanmoins qu'il paroiſſe
aucun veſtige des playes qu'elle a reçûës; mais fa poſture & fa
fituation font fentir fa chute ; & la maniére dont ce corps eſt
couché & dont fes membres font ramaſſez, fait connoitre viſiblement que c'eſt le corps d'une perfonne, qui ftappée de coups
mortels, eſt ainſi tombée le vifage contre terre, & y a pris cette
attitude ſi naturelle.

Enfin le marbre perd ici fa roideur dans les plis d'une étoffe fouple qui fuit le mouvement d'un corps pefant, fuivant la pente duquel elle femble céder & obéir à vûë d'œil; il y perd fa dureté dans la chair d'un corps dont les membres fe plient & fe
tournent fuivant la fituation que leur fait prendre leur propre
poids qui les entraîne, &, de toutes fes qualitez, ne retient
que fa froideur & fa pefanteur, pour exprimer celles de la chair
d'un corps mort,

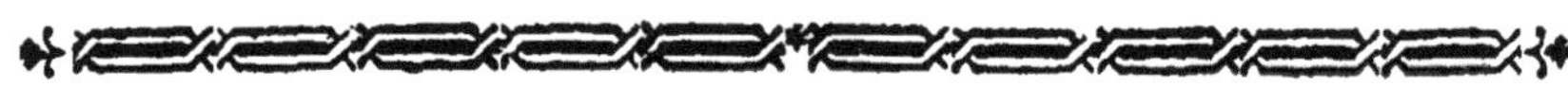

LE CHRIST.

*Tableau qui fe voit à la Chancellerie, dans l'appartement du Car-
dinal Ottobon.*

PAR LE GUIDE.

IL n'y a, dans ce Tableau, que la Tête d'un CHRIST couronné d'épines; cependant je ne crois pas que la Peinture puif-

fe

ſe étaller plus de richeſſes, que le Guide en a déployé dans cette ſeule Tête.

On n'a jamais vû, ſur un viſage, tant de tranquillité avec tant de peine, tant de force avec tant de ſouffrance, & tant de ſérénité avec tant de douleur.

Dans un teint flétri, noirci de coups & de meurtriſſûres, & à travers le ſang qui coule ſur le viſage de ce Christ, ou qui eſt déja caillé, le Guide fait paroître des traits de majeſté ſi éclatans, un air de grandeur ſi élevé, une image de divinité ſi ſenſible, qu'il n'y a qu'un Dieu qui puiſſe être ainſi fait: & que jamais aucun homme, dans l'éclat de la plus grande jeuneſſe n'eut un air auſſi grand qu'a ce Christ dans le plus deplorable état où une perſonne puiſſe être reduite.

Il faut bien poſſéder l'idée du Beau, pour la ſavoir ainſi faire briller juſqu'au milieu des fletriſſûres d'un viſage, pour ainſi dire enſevéli dans le ſang qui coule de toutes parts, d'une tête toute crevée des épines qui la percent.

OU-

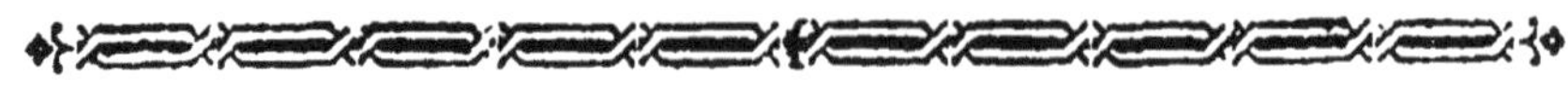

OUVRAGES DE PEINTURE

QUI SE VOYENT AU PALAIS CHIGI DEVANT L'EGLISE
DES SAINTS APÔTRES,

Et qui appartiennent
Au Prince Dom Livio Odefcalchi.

LA DANAE',

Par Antoine, communément appellé le Corrége, *natif de Corrége ville du Modénois.*

CE Tableau eft un des plus beaux qui foient fortis du pinceau du Corrége. Danaé y eft repréfentée dans fon lit,
couverte feulement d'un de fes draps, dont même elle fe
découvre prefque tout le corps, pour arranger ce drap d'une
maniére propre à recevoir la pluye dorée d'une nuée jaune &
brillante qui fe réfout en gouttes d'or, & qui tombe dans le
creux qu'elle a formé de ce drap.

Il n'y a guéres de corps de femmes dont la blancheur pût
fe foutenir au-milieu de ces draps qui font d'un blanc de neige &
de lait ; cependant, bien loin que celle de Danaé en foit défaite,
il femble que le Corrége n'ait étallé tout l'appareil de la blancheur
éblouïffante de ce lit, que comme un théatre propre à faire éclater davantage celle du corps de cette femme.

Sa beauté parée de tous les agrémens de la jeuneffe, la fait
paroître digne de la paffion du plus grand des Dieux, & fon air
plein de tous les charmes d'innocence femble mériter que Jupi-

D
ter,

ter, fans ufer contre elle de fa toutepuiffance, ménageàt fa conquête par un artifice auffi féduifant que celui de la nouvelle métamorphofe *qu'il employe pour s'en rendre le maître.

Le coloris de cette nuée grôffe d'une pluye d'or, eft d'une entente merveilleufe; mais le génie du Corrége eft encore plus admirable dans l'air dont il fait recevoir à Danaé les précieufes gouttes de cet or liquide.

Un moins habile homme que lui, l'auroit peinte ramaffant avec empreffement cette riche pluye; mais une paffion auffi odieufe que l'avarice, n'eft point le caractére d'une perfonne auffi jeune & auffi noble que l'étoit Danaé; & l'on voit feulement, dans fon air, je ne fai quelle furprife agréable mais innocente, avec laquelle elle reçoit cet or, l'objet de la paffion d'un cœur avare, véritablement avec quelque complaifance, mais fans aucune avidité.

Le Cupidon qui lui aide à recevoir la pluye d'or, eft d'une beauté achevée, & paroît plutôt un Dieu qu'un homme.

Les petits amours qui frottent, fur la pierre de touche, une fléche qu'ils ont faite de l'or qui tombe en pluye, pour éprouver s'il eft de bon alloy, font d'un goût exquis, & leur action eft d'un naturél admirable.

On ne peut rien voir de plus fin pour les expreffions, de plus délicat pour la fonte des couleurs, & de plus charmant pour le pinceau, que cet ouvrage.

Les contours y font tendres & coulans; le racourci merveilleufement bien fait; la maniére la plus finie & la mieux terminée qui ait jamais été.

Toutes les penfées en font ingénieufes, les airs de tête nobles & gracieux; & l'extrême exactitude du travail n'empéche point qu'il n'y paroiffe une merveilleufe facilité.

*Ovid. Metam l. 4.

II

Il semble que la beauté & la grace résidaient au bout des doigts de cet excellent Peintre, & qu'elles s'en détachaient lorsqu'il travailloit, pour aller se répandre dans ses ouvrages.

Les couleurs de ses figures tiennent, toutes, de celle du champ qui leur serd de fond, & s'y unissent tendrement; ces couleurs ont je ne sai quoi de précieux qui enchante; son pinceau uni, coulant & leger paroit avoir été conduit par la main d'un Ange: Et quand on fait réflexion que le Corrége a porté la Peinture jusqu'à un si haut degré d'éxcellence sans avoir rien appris des Anciens ni des Modernes, sans avoir vû l'Antique & sans avoir eû aucun maître, on ne peut s'empêcher d'admirer le souverain Autheur de tous les talents naturels, qui, dans la dispensation qu'il en fait, se plait quelquefois à donner à certains hommes un génie tellement au-dessus de la mesure commune, qu'il peut suppléer aux régles & aux préceptes, aux instructions & aux exemples, & à toutes les lumiéres étrangères, comme il a fait en celui-ci.

LE GANIMEDE.

Par Michel-Ange Buonarotti, né dans le Territoire d'Arezzo en Toscane: & par Annibal Carache, natif de Boulogne en Italie.

CE Tableau a ceci de singulier, que le sujet en a été peint par Annibal Carache, un des plus grands hommes qui ait jamais été pour la Peinture.

Il est assez difficile de comprendre comment, selon la Fable*, un Aigle a pû enlever un homme, & le porter, en volant, au-dessus des airs. Plus on y pense, moins il semble qu'il soit possible de le concevoir. Cependant Michel Ange a si bien fait,

D 2

par

*Ovid. Metam. l. 10.

par le deſſein de ce Tableau, qu'il a rendu tres vraiſemblable cette action, qui paroît d'autant plus impoſſible, qu'on employe plus d'efforts d'imagination pour la concevoir; car ſans avoir fait l'Aigle trop grand ni le Ganiméde trop petit, il a ſû donner tant de force à l'un & tant de délicateſſe à l'autre, qu'il paroît très-naturel que l'Aigle, vigoureux comme il eſt, enléve ſans de grands efforts un jeune garçon auſſi délicat qu'eſt le Ganiméde.

C'eſt une choſe merveilleuſe, que l'attitude que Michel-Ange a donnée à ces deux figures; car il a tellement enlaſſé le Ganiméde par le moyen du cou de l'Aigle & d'une de ſes ſerres, qu'il le tient avec une force invincible, ſans néanmoins qu'il puiſ-ſe l'empêcher de prendre ſon eſſor.

Une ſeule de ſes ſerres dont il entoure une des cuiſſes de Ganiméde; & ſa tête & ſon cou dont il environne le corps de ce jeune homme, le mettent tellement en ſa puiſſance, qu'il a le mouvement de ſes aîles libre pour voler, ſans cependant que ſa proye lui puiſſe en aucune maniére échaper.

Ainſi le Peintre, par cette puiſſante expreſſion de force qu'il a donnée à l'Aigle, par la délicateſſe du corps de Ganiméde, & par l'enlaſſement de l'un dans l'autre, a rendu vraiſemblable une choſe qui paroît impoſſible à l'imagination des meilleurs eſprits.

C'eſt encore, à mon gré, une merveille du deſſein, que ce Chien qui regarde, avec une action pleine de ſurpriſe, ſon maitre qu'il voit enlever dans les airs; car rien n'eſt plus dans le bon goût de la nature, que ce Chien, qui autre part ne ſeroit rien & qui fait ici un effet admirable. Rien ne paroît plus aiſé à imaginer quand on le trouve fait; mais avant que de l'avoir vû, qui eſt-ce qui s'en ſeroit aviſé? Voilà le mérite particulier de Michel-Ange dans cet ouvrage.

Le Carache a celui d'avoir peint, avec la derniére force &

la

la derniére délicateffe, le plus beau deffein du monde; car on ne vit jamais un Aigle plus parfait, ni un corps d'homme plus beau & mieux peint que celui-ci. En un mot, on voit ici toute la vivacité qu'il favoit donner aux expreffions, toute fa fermeté dans l'exécution: Et toutes les figures de ce Tableau font également connoître le merveilleux talent que cet excellent Peintre avoit pour choifir, dans tous les objets de la nature, certains caractéres fpécifiques & dominans qui les font plus effentiellement être ce qu'ils font; & qui les font auffi plus fenfiblement & plus fpecificativement paroître ce qu'on veut qu'ils paroiffent, quand on fait les attraper comme lui, & les imprimer aux chofes qu'on a deffein de repréfenter.

LA SYBILLE.

Par le Guide.

LA pâleur du vifage de cette femme, fes rides, fa coëffure, tout fait connoître d'abord que c'eft une Sybille.

On n'a jamais vû, dans aucun ouvrage de Peinture, une expreffion plus naturelle & plus forte d'une rêverie profonde, que celle que le Guide a fait paroiftre dans tous les traits de cette perfonne. Son ame toute retirée en elle-même par la force de fon application, femble avoir attiré, dans la profondeur où elle eft enfoncée, tous les efprits & tout le fang des parties extérieures du corps qu'elle laiffe pâles & éteintes; il femble que cette ame ait quitté tous les objets préfens, & même fon propre corps, pour s'enfoncer dans la vuë de l'avenir; & l'air de cette Sybille porte le caractére de celle par laquelle on penfe au préfent & au paffé; elle fait des efforts tout autrement grands pour per-

ces

cer les ténébres épaisses qui couvrent les choses futures; il semble qu'elle se fait, pour cela, une espéce de violence à elle-même; & je ne sai quel air de souffrance mele à sa profonde application fait sentir ce que lui coûte la découverte de l'obscur avenir
qu'elle veut pénétrer.

Pour moi, je ne trouve rien de plus admirable que ce caractére de méditation que le Guide a sû faire paroitre dans ce Tableau.   Il faudroit avoir vû des Devins s'efforcer de pénétrer l'a-
venir, afin de savoir l'air que donnent au visage d'une personne
de semblables efforts; car c'est cet air que le Guide a merveilleu-
sement bien donné à cette Sybille: Elle rêve d'une manière toute différente de celle par laquelle on nous peint, quelquefois, les
Philosophes, même les plus méditatifs recherchants la connoissance
des véritez les plus abstrusés: Les Sénéques, les Socrates, les
Catons & les plus savans rêveurs de l'Antiquité n'ont jamais rêvé
avec la profondeur enfoncée que le Guide a sû donner à la rêverie de cette Prophétesse; on voit sensiblement qu'elle cherche
des véritez tout autrement cachées que celles qu'ils méditoient,
& qu'elle perce des enfoncemens tout autrement obscurs: Vous
diriez qu'elle léve, avec une espece d'horreur, les voiles téné-
breux des événemens futurs qu'elle découvre; & qu'elle dérobe,
avec frayeur, la connoissance de l'avenir qu'elle pénétre; il semble qu'elle en frémit & qu'elle en palit; car toutes ces choses
sont divinement bien exprimées dans le caractére d'application
& de méditation que le Guide a fait paroître sur le visage & dans
l'air de cette Sybille.   Quel génie que celui des Peintres qui vont
rechercher des expressions si savantes & si étudiées!

                                                        LA

LA SAINTE VIERGE.

Par Raphael Sanzio, natif d'Urbin.

CE Tableau eft, au jugement de tous les connoiffeurs, le plus beau que Raphaël d'Urbin ait fait de cette efpéce, lui qui a fait une infinité de Vierges fi belles; car il femble que ces fortes de Tableaux ayent été fes ouvrages favoris, & qu'il fe foit fenti une inclination particuliére pour les faire; nul Peintre n'en a jamais tant fait; nul Peintre n'en a jamais fait de fi belles; & celle ci eft conftamment autant au deffus de fes autres Vierges, qu'elles font toutes au-deffus de celles des autres Peintres.

Il n'y a rien de plus fimple que le fujet de ce Tableau; il n'eft compofé que d'une Vierge, d'un enfant JESUS, d'un faint Jean, & d'un faint Jofeph.

La Vierge tient l'enfant JESUS par le bras, & faint Jean s'approche de lui pour le baifer: Raphaël les a peints debout, afin de faire voir la beauté de leur corps toute entiére; auffi n'at-on jamais vû deux corps d'enfant plus beaux & plus parfaits que ces deux ci: l'on avoüera, en les confidérant, qu'il faut que la nature fe foit fait voir toute nuë à Raphaël, & lui ait révélé toutes fes beautez, pour l'avoir fû peindre auffi parfaite. Je doute même que la nature foit auffi belle qu'elle l'eft dans ce Tableau. Raphaël a été affurément plus loin qu'elle dans cet ouvrage; & il l'a peinte fuivant l'idée qu'il en avoit, plûtôt que fuivant ce qu'elle eft: Ce n'eft point certainement de la nature, que Raphaël a tiré ces excellentes expreffions, qui font plus belles qu'ellemême; il faut qu'il les air puifées dans l'idée du Beau, fource primitive, qui n'eft connue qu'aux grands hommes, & de laquelle

ils

ils tirent leurs expreſſions plus ou moins parfaites, à proportion
de la force & de la beauté de leur génie.

La Vierge eſt grande & majeſtueuſe; elle a l'air le plus noble qui fût jamais, mais accompagné d'une ſimplicité charmante,
qui aſſortit admirablement bien l'innocence des deux aimables enfans qui ſont auprès d'elle.

Le corps du ſaint Jean n'eſt ni moins beau, ni moins bien
proportioné que celui du JESUS; mais la carnation en eſt ſi différente, qu'il eſt aiſé de reconnoître celui qui eſt le Dieu, à ſes
chairs ſi tendres & ſi blanches.

Quoique le JESUS ſe laiſſe approcher familiérement de ſaint Jean, qui vient le baiſer avec la ſimplicité de l'enfance qui ne ſait ce
que c'eſt que la diſtinction des qualitez, il conſerve néanmoins, dans
cette bonté acceſſible, je ne ſai quelle gravité ſérieuſe, qui le fait
véritablement paroître comme un Souverain qui reçoit l'homma-
ge d'un de ſes ſujets: Et quoique le ſaint Jean aborde le JESUS
par une action auſſi familiére que celle de le venir baiſer, cette
action eſt ſi modeſte & ſi reſpectueuſe, qu'on voit bien que c'eſt
tout au plus un favori, qui n'en uſe ſi librement que par la bonté
de ſon maitre qui l'autoriſe.

Au reſte, les couleurs de ce Tableau ſont ſi belles & ſi gra-
cieuſes, que de ſi loin qu'on l'apperçoive, il charme les yeux
ſans même qu'on en diſtingue encore le ſujet, par la ſeule beauté
du coloris.

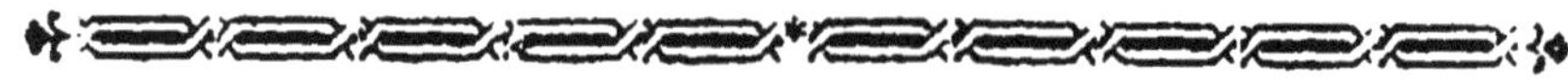

LA VENUS,

Tableau qui se voit dans la Galerie du Palais du Connétable Colonne.

Par Paul Caliari, vulgairement appellé Paul Véronêse, *natif de Verone.*

IL n'est pas possible de voir une femme qui ait plus d'agrémens & de charmes, que cette Venus; elle a, outre cela, cet air de jeunesse à qui le badinage sied si bien; car elle badine effectivement avec Cupidon son fils, qui lui veut ôter quelque chose qu'elle tient & qu'elle éléve de peur qu'il n'y atteigne; On le voit aussi s'élever sur le bout de ses pieds, & étendre le bras de toute sa force, pour lui arracher ce qu'elle ne veut pas lui donner; & cette action est d'un naturel au-dessus de toute expression, ces petits efforts qu'il fait vainement, ont je ne sai quoi d'enfantin qui enchante, & qui donne une grace merveilleuse à son petit corps, le mieux formé qui fût jamais: Il semble qu'on l'entend murmurer & se plaindre; & Vénus qui y prend plaisir, rit de ses vains efforts & de ses petites plaintes, de la maniére la plus naturelle & la plus gracieuse du monde.

Pour moi, plus j'ai considéré ce Tableau, plus j'ai été persuadé que l'examen des ouvrages de Paul Véronêse faisoit connoître avec évidence la justice des éloges qu'on a faits de cet excellent Peintre, quand on a dit que son exécution étoit ferme & assurée; que personne l'a égalé pour la facilité & la maîtrise du pinceau; que les attitudes & les actions de ses figures sont si simples & si faciles, si commodes & si naturelles, & que les

E

cou-

couleurs font employées dans fes ouvrages avec une pratique fi libre & fi aifée, qu'il femble que toutes chofes s'y foient faites d'elles mêmes & fans aucune peine; qu'il a entendu les couleurs locales aufli bien que ceux de fa profeffion qui ont excellé dans cette partie de la Peinture; qu'il a defliné les corps de femme avec une élégance finguliére; que fes Têtes ont du grand & du noble; qu'il n'y a point d'ouvrages plus travaillez que les fiens & plus recherchez foit par des teintes vierges dans les clairs, foit par des glacis dans les ombres; & qu'enfin les couleurs rompuës qu'il a employées par-tout fi à propos, donnent une fi parfaite union aux autres, que l'accord & l'harmonie du tout enfemble a quelque chofe qui enchante les yeux: Mais je ne comprens pas ce que ceux, qui lui ont reproché que fes expreffions n'ont aucune fineffe & qu'il a mal touché le caractére des paffions, pouroient réprondre à la fimple vuë de ces deux feules figures.

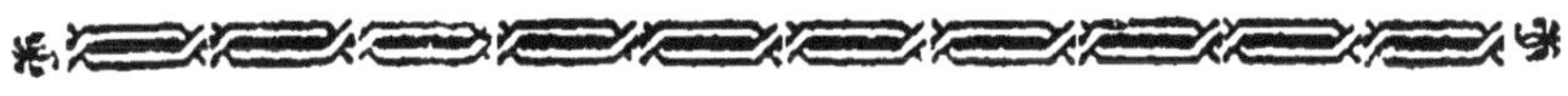

STATUE

Que les uns difent repréfenter Poppée, & les autres, Agrippine,

Dans les Jardins Farnefes au Mont Palatin.

ET LE FAUNE,

Statue qui fe voit au Palais Barberin.

Toutes deux Antiques.

QUELQUES Antiquaires difent, que cette Statue d'une femme qui rêve fi profondément dans les Jardins Farnêfes

au

* Annal. 13. c. 4.

au Mont Palatin, repréfente la fameufe Poppée; ce qui ne
me paroît nullement vraifemblable, Tacite nous parlant de
Poppée comme de la plus belle femme. D'autres veulent que
ce foit Agrippine, Quoi qu'il en foit, il n'y a aucune ftatue, dans
Rome, plus pleine de vie que celle-ci.

Cette femme penfe, mais on voit que fes penfées vont, fi
j'ofe me fervir de ce terme, jufqu'au dernier approfondiffement
de la chofe à laquelle elle s'applique: c'eft la rêverie la plus enfoncée à laquelle elle eft entiérement livrée: elle eft poffédée
par une de ces réflexions puiffantes qui occupent toute l'ame, qui
l'enlévent à toutes les fenfations du corps, & dans lefquelles nous
fommes infenfibles à l'action de tous les objets qui nous environ-
nent, nous n'entendons plus ce qu'on nous dit, nous ne voyons
point même ce que nous regardons, & nôtre corps n'agit plus
que machinalement.

Cette rêverie profonde n'eft pas feulement exprimée par
les traits du vifage & par l'air que le Sculpteur a donné à cette
Statue, mais encore par la pofture de tout fon corps; de forte
que quand la tête en feroit ôtée, on connoîtroit, d'une maniére très fenfible que cette femme rêve profondément, par fa feule
attitude.

Le Réverend Pére Mabillon dit, dans fon Voyage d'Italie,
que l'air de cette femme eft *merveilleufement bien compofé à la
trifteffe:** mais apparemment ce grand homme, qui s'appliquoit
à Rome, à des chofes bien plus importantes, n'a vû ces fortes de
curiofitez qu'en paffant; & je fuis perfuadé que s'il avoit fuffi-
famment examiné cette Statue, il auroit reconnu que l'expreffion
ne va pas jufqu'à la trifteffe, & qu'il n'y a que de la rêverie, mais
la rêverie la plus profonde qu'on ait jamais vuë: Et comme les An-
E 2
ciens

Møre ad triftitiam compofito.

ciens ne faiſoient pas ſeulement des Statues d'hommes & de femmes, mais qu'ils en faiſoient encore des Vertus, des Paſſions,
des actions de l'Ame & de ſes ſentimens; car on en voit de la
Pudicité, de l'Honneur, de la Concorde, de l'Amitié Conjugale-
le, de la Fidélité; ainſi il peut bien être qu'ils ayent fait celle-ci
pour exprimer la Rêverie ſous la figure d'une femme.

Quoi qu'il en ſoit, il n'y a rien de plus naturel que ſon
air & ſon attitude; plus on la regarde, moins il ſemble que ce
ſoit une Statue; plus on s'attache à la conſiderer, plus il ſemble
que ce ſoit une perſonne qui rêve véritablement: nulle Statue
moderne n'a cette vie & ce naturel; & je ne ſache que le Faune du Palais Barberin qu'on lui puiſſe comparer.

Ce Faune eſt repréſenté dormant d'un paiſible & agréable
ſommeil; on ne ſauroit ſe laſſer de le regarder; rien n'eſt plus
beau, parce que rien n'eſt plus naturel; ou plutôt, c'eſt la nature elle même toute vivante qu'on voit dans cette Statue; les
plus belles de l'Antiquité ne ſont belles que par là; ce qui les
rend ſi admirables n'eſt ſouvent qu'une poſture, un geſte, un
rien ſi naturel, que la nature ne l'eſt pas plus elle-même: il faut,
pour ainſi dire, l'avoir vuë à nud, pour attraper ces airs ſi délicats, ces traits ſi fins, ces riens ſi naturels; un génie médiocre
ne s'en aviſe point, il va toujours chercher je ne ſai-quoi de guin-
dé dans tout ce qu'il fait, il n'y a que les grands hommes qui les
ſachent trouver; & quand ils les ont donnez à leurs ouvrages, le
marbre n'eſt plus du marbre; une Statue n'eſt plus une Statue;
c'eſt un homme, c'eſt une perſonne qui vit & qui reſpire.

Enfin, je ne craindrai pas de dire, qu'il n'y a point, à Rome, de Statue comparable à ces deux-ci pour la force de l'expreſſion dans un ſujet où il ſoit ſi difficile d'en faire paroître.

Les autres repréſentent ordinairement quelque action écla--

tan-

tante, ou quelque paſſion ardente; cela n'eſt pas bien mal-aiſé à exprimer: Mais y a-t il rien de plus ſimple & de moins marqué que le ſommeil & la rêverie? & c'eſt en quoi ces deux Statues ſont, à mon ſens, au deſſus de toute comparaiſon; puiſque le ſommeil qui eſt une image de la mort, & la rêverie qui eſt une eſpéce de ſuſpenſion de la vie, y ſont pourtant plus vivement exprimez que les actions les plus violentes ne le ſont dans toutes les autres Statues.

OUVRAGES de SCULPTURE

Qui se voyent au Palais Farnese.

LA FLORE.

Statue Antique.

IL n'y a point de draperie d'aucune Statue, qui ne paroiſſe groſſiére, quand on a vû celle de la Flore : cependant il eſt plus difficile qu'on ne penſe de faire des draperies fines comme celle ci.

Les Modernes y font ordinairement une des deux fautes ſuivantes; ou leur draperie eſt trop groſſiére & ne laiſſe point voir le corps; ou, en voulant faire paroître le corps, il ſe trouve que ce n'eſt plus une draperie, mais les membres mêmes du corps qu'on voit.

Tout l'art conſiſte donc à faire voir ces membres de telle ſorte, qu'ils paroiſſent néanmoins toujours couverts; & à les

E 3

cou-

couvrir de telle-maniére, qu'on ne laiſſe pas de les voir très-bien au travers de la couverture.

C'eſt ce que les habiles Sculpteurs de l'Antiquité ont fait admirablement; & c'eſt ce qu'ont bien de la peine à attraper les Modernes, qui en évitant un excès, tombent preſque toujours dans l'autre qui lui eſt oppoſé: car les uns, pour empêcher que leurs figures ne paroiſſent plutôt nuës que légérement habillées, en font la draperie ſi épaiſſe, qu'on ne voit plus le corps à travers; & les autres, pour faire mieux paroître le corps, affoibliſſent tellement la draperie, qu'il n'y en a plus rien; de ſorte que c'eſt veritablement le nud qu'on voit.

Il n'y a aucun de ces défauts dans celle de la Flore; elle n'empêche point qu'on ne voye tout le corps de cette femme; & néanmoins ce corps en eſt tout habillé depuis la tête juſqu'aux pieds.

Mais la légèreté de cette Statue n'eſt pas moins admirable, que la delicateſſe de la draperie; nos plus fines danſeuſes n'en font point tant voir en danſant, que cette Flore en a en marchant; elle ne tient point à ſa baſe, elle n'y poſe qu'un pied leger qui à peine la touche, elle ne fait qu'éfleurer la terre, elle eſt emportée ſur ſa ſurface avec une légéreté ſemblable à celle des Zephyrs; plus ou la regarde, moins elle paroît fixe; il ſemble qu'elle vole plutôt qu'elle ne marche: & ce qu'il y a de ſurprenant, c'eſt que cette Statue eſt beaucoup plus grande que le naturel; car il n'eſt pas mal aiſé de donner de la délicateſſe à une petite figure; mais d'en donner à une maſſe de marbre auſſi peſante que le bloc d'où a été tiré cette Flore, c'eſt aſſurément le chef d'œuvre des plus grands Maîtres de l'Art: cependant il n'y a conſtamment nulle Statue au monde, quelque petite qu'elle ſoit, qui ait la légéreté & le dégagement de celle-ci.

L'HER-

L'HERCULE,

Statue antique,

Par Glicon natif d'Athènes.

CETTE Statue, fans être ni coloffale, ni gigantefque, repréfente Hercule comme l'homme le plus robufte qui ait jamais été; & cela, par les feuls mufcles que le Sculpteur a fait paroître dans prefque toutes les parties de fon corps.

Mais ce qu'il y a de merveilleux, c'eft que fon deffein ayant été de repréfenter ce Héros épuifé de fatigues après tous fes travaux, il a fû faire voir, dans une même Statue, un prodige de force & de foibleffe tout enfemble.

La force y paroît furprenante & capable de tout ce que la Fable a fait faire de prodigieux à ce demi-Dieu, car on ne peut voir un corps plus nerveux & plus mufculeux; le Statuaire, par la groffeur & le grand nombre de ces mufcles, a exprimé cette force prodigieufe; & la fituation de ces mêmes mufcles qui, quoi que gros & puiffans, paroiffent néanmoins vuides d'efprits, & font tous panchez fuivant l'impreffion d'un corps, dont toute la maffe fatiguée, porte fur un feul pied, qui en foutient tout le poids avec la Maffuë fur laquelle Hercule fe laiffe tomber en s'appuyant; tellement qu'on ne vit jamais un homme plus fort & plus foible en même tems.

C'eft le corps le plus robufte & le plus plein de mufcles qui fe puiffe voir; mais ce font tout enfemble les mufcles les plus relâchez & l'attitude la plus abbatue qu'on fe puiffe figurer; de forte que plus on examine cette Statue, plus on doute fi le Sculpteur a eû intention d'en faire un fymbole de la force, ou une

im-

image de la foibleſſe, parce qu'il a voulu exprimer l'une & l'autre en même tems.

C'eſt la force, mais une force qui eſt à bout; c'eſt la foibleſſe, mais une foibleſſe à travers laquelle on découvre les fondemens de la puiſſance la plus prodigieuſe.

C'eſt la vigueur même, mais une vigueur mourante qui expire; c'eſt le dernier accablement, mais un accablement dans lequel on voit les veſtiges d'une force infatigable.

Ce ſont les muſcles & les nerfs les plus puiſſans, mais vuides & épuiſez; c'eſt un abbatement qui va juſqu'à la défaillance, mais dans le corps le plus vigoureux qu'on vit jamais: Enfin c'eſt une puiſſance qui n'en peut plus; & un épuiſement qui a quelque choſe de terrible & qui épouvante encore: car toutes ces idées ſe reveillent, dans tout eſprit attentif, à la vuë de ce chef d'œuvre de Sculpture.

LE TAUREAU,

Groupe antique.

CETTE fameuſe piéce eſt compoſée de deux femmes, d'un enfant, & d'un Taureau; ces ſix figures ſont plus grandes que le naturel, & toutes diſtantes les unes des autres, quoique tirées du même bloc de marbre.

C'eſt aſſurément la choſe la plus rare en ce genre, qui ſoit dans le monde; & il a fallu une montagne entiére pour former un Groupe ſi immenſe.

Cependant le moindre moreeau de marbre y a été menagé avec tout l'art & toute l'induſtrie poſſibles; le Sculpteur en ayant fait ici un chien; là un ſerpent; d'un côté un panier, de l'autre,

tre, des fleurs, avec une économie de la matiére qui n'eſt pas moins admirable que le travail & l'ouvrage du Ciſeau.

On admireroit ailleurs les belles & les vives expreſſions de toutes les figures; la force ſurprenante du Taureau qui réſiſte; celle de l'homme qui veut lui faire tourner & baiſſer la tête, pour attacher une corde à ſes cornes; le déſeſpoir de la femme qu'on lie à ce Taureau, & qui voit que ſon corps en proye aux fougues de cet animal impétueux va être démembré & mis en piéces; la beauté du corps dont les charmes enchantent malgré le déſordre où le mettent la réſiſtance de cette femme & les efforts des Boureaux qui l'attachent; car il ſemble que le Sculpteur, pour toucher davantage les ſpectateurs à la vuë du pitoyable état où elle eſt, ait pris ſoin de la faire paroître encore plus belle que malheureuſe : On admireroit, dis-je, toutes ces choſes dans un autre ouvrage; mais, dans celui-ci, la ſingularité du groupe eſt quelque choſe de ſi prodigieux, que toute l'admiration ſe tourne de côté là.

F   OU-

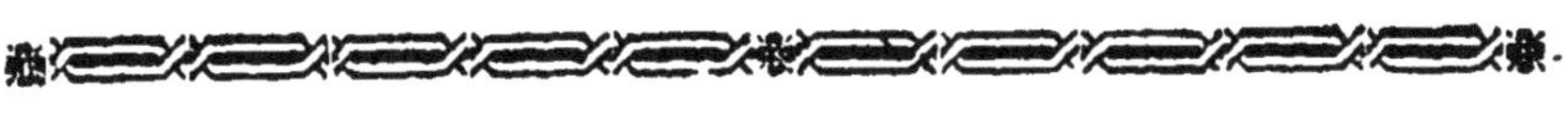

OUVRAGES de PEINTURE

Qui se voyent au Petit Farnese.

HISTOIRE DES AVANTURES FABULEUSES DE PSYCHE',

Peinte par Raphaël d'Urbin,

Dans la grande Salle de ce Palais.

CETTE Salle est assurément le plus célébre Théatre de la gloire du grand Raphaël d'Urbin, puis qu'il n'y a nul endroit au monde où il ait fait tant de grandes & de magnifiques choses, dans un pareil espace.

Le Conseil des Dieux tenu à l'occasion du mariage de Psyché, & le Banquet fait pour ses Noces, en deux piéces feintes de tapisserie, remplissent tout le Plafond de cette spetieuse Salle.

Ce sont deux ouvrages de la plus grande composition, de la plus belle ordonnance qui ayent jamais été faits; & c'est ici que j'appelle hardiment tous les Connoisseurs, pour vérifier si la Renommée n'a pas été sincére quand elle a publié dans toute la terre, par cent bouches différentes, tantôt que nul Peintre n'avoit eû plus d'élevation de génie, plus de fertilité & de richesse dans ses inventions, plus de grandeur dans ses idées, que Raphael d'Urbin; tantôt que personne ne l'a égalé pour la force du jugement dans le choix des sujets, pour la magnificence de

la

la compofition dans les ordonnances, & pour la fageffe de la
conduite dans la difpofition des figures: ici, que fes attitudes
font les plus nobles & les plus naturelles, fes expreffions les
plus fines & les plus picquantes, & fon pinceau le plus leger &
le plus délicat qui fut jamais: là, que nul Peintre n'a eû un deffein plus gracieux, plus fuelte, où il y ait plus d'efprit, plus de
caractere, & où la correction de l'Antique foit fi bien jointe à
la vérité & à la naïveté du Naturel: Que toutes fes figures ont
la majefté des plus belles Statues que les Grecs & les Romains
nous ont laiffées; qu'il ne lui échapoit rien de toutes les chofes
qui pouvoient fervir à l'embelliffement de fes ouvrages; Que,
pour le grand goût, il l'emporte fur tous les autres: Enfin que
pour la grace, ce précieux don de la nature, perfonne n'en a
jamais été autant favorifé que lui, fans en excepter même le Corrége, dont le plus grand mérite eft pourtant fondé fur ce rare talent. On n'a qu'à venir dans ce Palais, & l'on avouera qu'il n'y
a rien, dans tous ces éloges, que de très équitable.

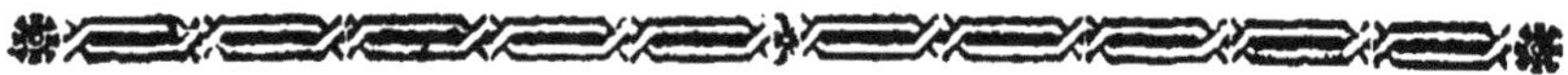

LE CONSEIL DES DIEUX.

CE morceau de frefque eft compofé de feize ou dixfept figures qui répréfentent tous les Dieux & toutes les Déeffes, dans une affemblée où Cupidon vient demander la
permiffion d'époufer Pfyché; & où Vénus indignée de ce que fon
fils veut s'allier à une mortelle, combat fes raifons & s'oppofe
à fa demande.

Chaque Dieu & chaque Déeffe s'y reconnoît d'abord aux
fymboles dont Raphael les a tous caractérifez: Jupiter, à fon

Foudre; Neptune, à son Trident; Pluton, à là Fourche noire qui lui sert de sceptre; Junon, à son Pan; Pallas, à sa Pique & à son Casque; Diane, à son Croissant d'argent; Mars, à ses Armes; Apollon, à sa Lyre; Bachus, à ses Pampres & aux grappes de raisin dont il est couronné; Hercule, à sa peau de Lion; Vulcain, à ses Tenailles; Janus, à ses deux visages; & Mercure, à son Caducée.

Figurez-vous ce qu'on peut concevoir de plus grand, par le fameux Tribunal de l'Aréopage, par le Sénat de la République Romaine, & par les Conseils des plus sages hommes de la terre assemblez en Corps pour décider des plus importantes affaires du monde; Raphael s'est élevé au dessus de tout cela, & son Conseil des Dieux a encore quelque chose de plus grand & de plus auguste; car quelle majesté, que celle de trois vénérables Vieillards, les Dieux frères, Jupiter, Pluton, & Neptune? C'est ici qu'ils paroissent véritablement les maîtres du Ciel & de la Terre, & les meilleures têtes de l'Univers.

Les Déesses y paroissent avec toute la grandeur de leur caractére; mais Venus les efface toutes; & sa majesté, son air, son action font voir, tout d'un coup, qu'elle est un des principaux personnages de la piéce.

D'autre part, Cupidon, dont les attraits innocens ont d'autant plus de force qu'ils sont purement naturels, se présente aux Dieux avec tant de grace, & les conjure de mettre fin à ses maux d'un air si a attendrissant, qu'il paroît impossible qu'ils lui refusent le secours qu'il implore; Ils délibérent néanmoins sur cela, mais d'une maniére différente les uns des autres. Jupiter y pense; & quoiqu'il ne soit pas insensible aux charmes de Vénus, plus touché encore de pitié pour son fils, il paroît tout prêt à lui accorder sa demande, ne pouvant résister aux priéres d'un si aimable enfant.

Nep-

Neptune réfléchit férieufement fur la demande de Cupidon'
& delibére en Dieu plus libre & moins fenfible que Jupiter.

Quant à Pluton, il délibére avec un air tout à fait féroce
qui tient de fon caractére de Dieu des Enfers; il fait, fur cette
Requéte, des reflexions profondes, il regarde la chofe comme
une affaire capitale, & ne paroît nullement fenfible ni aux attraits
de Vénus ni à ceux de l'Amour: Généralement tous les perfonnages de cette nombreufe affemblée penfent, réfléchiffent; médi-
tent; rien ne fauroit être plus animé, plus vivant, plus penfant;
c'eft l'ame, la vie, & la penfée mêmes, peintes & corporifiées par
le moyen des couleurs, ou plutôt par le génie du divin Raphael;
Que dis je? En regardant cet ouvrage de Peinture, il femble
qu'on voye moins des corps parler, agir, fe mouvoir, que des
ames & des efprits penfer, réflechir & délibérer.

LE BANQUET DES NOCES DE PSYSCHE',

& fes autres avantures.

R APHAEL fuppofant que les Dieux ont accordé à Cupidon
la grace qu'il leur demandoit, & qu'ils ont fait de Pfyché
une Déeffe afin qu'il pût l'époufer avec bienféance, répréfen-
te ici le Feftin qui fut fait en réjoüiffance de ces heureufes Noces.

Il y a au moins trente figures dans cette Piéce, mais toutes dégagées les unes des autres, & toutes fi bien diftribuées,
qu'on voit également bien ce que chacune penfe, ce qu'elle fait,
& à quoi le Peintre la deftine.

La grandeur & majefté des Convives n'empêchént point
que l'agrément & la liberté regnent dans le repas; les Dieux
& les Déeffes s'y réjoüiffent, pour ainfi dire, dépouillez de leur

divinité, avec le naturel & les sentimens des hommes. Les uns font occupez du soin de bien manger; les autres se contentent de boire; ceux-ci joignent l'amour à la bonne chére; & ceux là font leur plaisir de s'abandonner aux agréables illusions que les vapeurs du vin entretiennent dans leur cerveau. Les expressions de ces divers caractéres sont d'une vérité & d'une force surprenantes.

Les Dieux les plus avancez en âge, en qui le froid de la vieillesse modére le feu du vin, font paroître plus de réverie que de gayeté. Les Dieux entre deux âges, que la bonne chére anime & échaufe, semblent vouloir rappeller leur vigueur & leur jeunesse. Enfin les jeunes Dieux & les jeunes Déesses tels que Cupidon & Psyché, en qui les saillies de l'amour se joignent aux fumées du vin, pleins d'ardeur & de vivacité, s'y voyent dans des attitudes passionnées & dans des transports tout de feu.

Qui pourroit décrire la légéreté de Vénus qui danse, la beauté des enfans qui servent, les agrémens avec lesquels les Heures & les Graces répandent les fleurs à pleines mains, & les parfums à pleins vaisseaux, l'enjoüement des Déesses, le badinage des Amours, la grace des Graces mêmes?

Mais rien ne me paroît plus admirable que la maniere dont Raphael a exprimé la différence d'état où se trouvent les Convives, & les personnes qui les servent. Ceux qui sont à table, le visage culuminé, les yeux étincelans quoi que troubles & chargez, paroissent à demi étourdis, rêvant sans penser, regardant sans voir, écoutant sans entendre, & agissant sans vouloir rien faire; au lieu que les Heures & les Graces qui répandent les fleurs & les parfums, les Enfants qui servent les mets, & les autres ministres du Repas, dans une attitude sérieuse & appliquée, ont l'air froid & tranquille, les yeux calmes & doux, la contenance

com-

pofée & attentive; car la diverfité de ces expreffions fait le plus
beau Contrafte qu'on ait jamais vû dans aucun ouvrage de Peinture.

La frife de cette Salle, & les angles des croiffées font tout
remplis de femblables chef-d'œuvres peints par Raphael & par fes
Eléves.   On y voit toutes les avantures de Pfyché perfécutée
par Venus, & tous les triomphes de l'Amour fur chacun des
Dieux en particulier.   Ce font les plus beaux corps du monde,
les carnations les plus vives & les plus fraîches, les attitudes les
plus grandes & les plus expreffives; tellement qu'en levant la tête vers le plafond de cette merveilleufe Salle, on voit, comme
d'un feul coup d'œil, tout ce que le Ciel, au fentiment des Anciens, a jamais renfermé de plus grand & de plus beau.

LA GALATHE'E,

*Et les Ouvrages de Raphael, qui fe voyent dans la Gallerie du
même Palais.*

LA Galathée eft le corps de femme le mieux fait qu'ait jamais peint Raphael d'Urbin; les contours en font d'une
elegance & d'une douceur charmantes; & l'on peut hardiment le mettre en parallele avec celui de la Vénus de Médicis,
qui eft le plus parfait qui foit dans le monde.

La grace avec laquelle elle tient les refnes des Dauphins
qui tirent fon char; fon air aifé & naturel, & la légéreté avec
laquelle elle eft emportée fur les eaux, font des chofes qu'il faut
voir & qu'on ne fauroit décrire.

La Neréïde & les Tritons qui font à fa fuite ont ce beau
naturel, ces attitudes gracieufes, & cet air de vie auxquels on
recon-

reconnoît toûjours le pinceau du grand Raphael. Mais, à dire la vérité, quoi-qu'il n'y ait pas une de ces figures qui ne foit admirable en elle-même, la Galathée eſt tellement au deſſus, que tous les Demi-Dieux & toutes les Déeſſes ne paroîtroient, en comparaison de cette Nymphe, que des mortels & des mortelles.

Tous les autres ouvrages qui ſe voyent au plafond de cette gallerie, ont été peints, ſur les deſſeins de Raphael, par ſes meilleurs Eléves; ce ſont autant de chef-d'œuvres, & l'on voit peu de choſes auſſi belles à Rome même.

Quoi de plus beau, par exemple, & de plus ingénieuſement imaginé, que l'Année, qui, ſous la figure d'une femme, conduit un char attelé d'un bœuf roux & d'un buffle cendré qui repréſentent l'un le Soleil, & l'autre la Lune?

L'action de cette femme qui lâche la bride à ces deux animaux & qui les guide de l'œil, n'eſt-elle pas d'un naturel & d'un goût merveilleux? La vie de ce bœuf & de ce buffle n'eſt-elle pas au deſſus dé toute expreſſion?

La Renommée volante au milieu des airs eſt encore une piéce excellente; juſqu'aux petits Genies feints de ſtuc ſur un fond noir, tout y eſt divin, il n'y a perſonne qui ne croye que ce ſont des figures de relief, tout le monde y eſt trompé, particuliérement à ceux qui ſont ſur la friſe qui eſt du côté du Jardin: Et c'eſt une choſe bien glorieuſe pour Raphael d'Urbin, que ſes Eléves, travaillant ſur ſes deſſeins, ayent fait de pareils ouvrages, qui ſont, au jugement de tout le monde, d'une perfection & d'une beauté à laquelle les Peintres médiocres n'ont jamais ſû atteindre, & que les plus grands Maitres n'ont jamais paſſée.

LE

LE CHRIST DESCENDU DE CROIX,

Tableau qui fe voit dans l'Eglife de S. François, à Ripe;

Par Annibal Carache.

JE ne crois pas que dans ce Tableau, qui paffe pour le plus beau qu'ait fait le Carache, on puiffe rien admirer davantage que les traits & les caractéres divins qui paroiffent fur le vifage du CHRIST ; car de répandre l'expreffion de la divinité fur le vifage d'un homme vivant, c'eft toujours une chofe très difficile & qui n'eft donnée qu'aux Génies du premier ordre ; mais de faire briller cette image, de la maniére la plus vive, jufques fur le vifage effacé d'un homme mort, c'eft le dernier effort du plus grand Génie du monde pour la Peinture ; & ce chef-d'œuvre eft l'ouvrage du grand Carache dans le CHRIST de ce Tableau.

Le corps de ce CHRIST eft peut-être le plus beau corps d'homme & le plus parfait qui ait jamais été peint ; on y voit un pinceau tendre, fondu, moëlleux, des teintes noyées imperceptiblement, une fuavité charmante ; jamais homme vivant ne fut fi beau que ce CHRIST tout mort qu'il eft.

La fainte Vierge & la Magdeleine qui font auffi peintes dans ce Tableau ont une majefté infinie. La douleur de l'une & de l'autre eft également grande, mais ce font deux fortes de douleurs bien différentes.

Celle de la fainte Vierge eft une douleur de Mére, qui abime l'ame, qui étouffe le cœur, qui bouche le paffage aux fanglots, & qui tient toutes les humeurs refferrées fans en laiffer

G

aller

aller une goutte vers les yeux; c'eſt un ſaiſiſſement qui ôte la parole, un abbatement muet, une douleur intérieure & profonde qui n'a pas même le ſoulagement des pleurs & des plaintes, douleur qui convient parfaitement bien à la meilleure des Méres acablée de la mort d'un **Fils** le plus aimable & le plus chérement aimé qui fût jamais.

La douleur de la Magdeleine eſt auſſi grande, mais elle eſt d'un caractére bien différent; c'eſt la douleur d'une Amante éplorée qui éclate par les cris & par les tranſports: La douleur intérieure de la ſainte Vierge paroît par la pâleur & par la ſeichereſſe de ſon viſage; au lieu que celui de la Magdeleine eſt tout enflammé, & tout baigné de pleurs; c'eſt une douleur égale, mais plus libre, & qui, aidée des forces de la nature dans une perſonne plus jeune, ſe ſoulage elle même par les larmes qu'elle fait couler en abondance.

Enfin il n'y a rien que de grand & de noble dans ce Tableau; & nul ouvrage de Peinture n'eſt mieux entendu, ſoit pour l'expreſſion des paſſions, ſoit pour la diſtribution des lumiéres & des ombres.

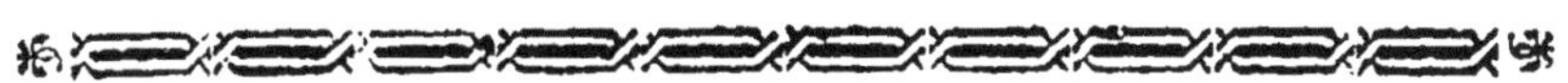

FRESCATI.

FRescati eſt l'ancien *Tuſculum* des Latins; ou, du moins, les Fauxbourgs de *Tuſculum* venoient juſqu'à l'endroit où eſt préſentement Freſcati.

Cet agréable lieu tout ſemé des maiſons de plaiſance des plus grands Seigneur Romains, eſt à mi-côte d'une delicieuſe montagne formée d'un amas de collines où l'on monte inſenſiblement de l'une ſur l'autre. C'eſt où ſe termine, de ce côté-là,

la

la campagne de Rome, qui fait paroître Frefcati encore plus beau qu'il n'eft; car cette campagne eft tout à fait inculte, feiche, noire & aride; tellement qu'après l'avoir peffée, lors qu'on rencontre des arbres & des eaux, de la fraicheur & de l'ombrage, on en tronve Frefcati de la moitié plus charmant.

Là, on a devant foy toute la campagne de Rome, qui eft véritablement affez vilaine, mais au bout de laquelle on voit Rome, comme de Meudon on voit Paris; &, fur la gauche, on découvre la Mer Méditerranée qui eft ordinairement couverte de Barques. Voilà quelles font les beautez générales de Frefcati; venons maintenant aux particuliéres.

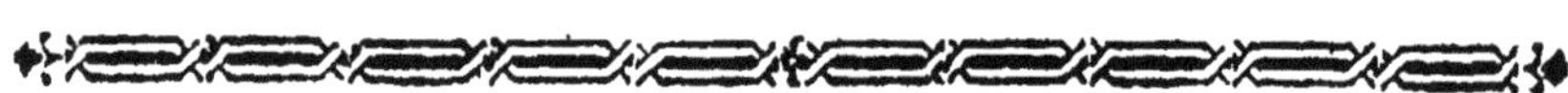

LA GERBE D'EAU,

communément appellée, la Girandole,

ET

LE CABINET D'APOLLON ET DES MUSES,

Qui fe voyent à la Vigne nommée Belvedére.

LA plus belle chofe qu'on voye à Belvedére, pour les eaux eft la Gerbe dont l'eau fort de fon tuyau avec tant de violence, que changée en écume & brifée en des millions de gouttes, elle retombe toute femblable à de la grêle; & les vents pratiquez par le moyen des tuyaux fouterrains fortant avec l'eau de la Gerbe, font un bruit qui imite fi parfaitement, celui du tonnere, qu'il femble que véritablement il tonne & il grêle en

G 2

même

même temps, & qu'un orage réel faffe crever les nuées en cet endroit.

La Grotte où tout cela fe paffe fe nomme L'ENCELADE, parce qu'on y voit un Encélade qui porte le monde fur fes épaules.

A quelques pas de cette Grotte, on voit le Cabinet d'Apollon & des neuf Mufes, où il y a une Orgue que l'eau & des vents artificiels font joüer. Les vents font réfonner les tuyaux; & l'eau faifant tourner des roües dont les crans font baiffer les touches du Clavier, on entend deux piéces d'Orgue des plus belles du monde, exécutées de mefure, avec tous leurs accords, dans toute la propreté & avec tous les agrémens que leur pourroient donner les plus habiles Maîtres.

LA GERBE D'EAU, ou GIRANDOLE,

Qui fe voit à la Vigne du Duc de Gadagnole.

CETTE Girandole d'eau imite parfaitement les Girandoles de feu, qu'on voit, aux jours de réjoüiffance, en Italie; car, en même tems que l'eau jailliffante forme en s'élevant une Gerbe entiérement femblable à celles que font les fufées des Girandoles, les vents artificiels qui fortent par le même tuyau que l'eau, font un bruit tout pareil à celui des fufées; tellement qu'on croit auffi véritablement entendre le bruit des fufées lors qu'on voit joüer cette Girandole, qu'on croit entendre celui du tonnerre à celle de Belvedére.

LE

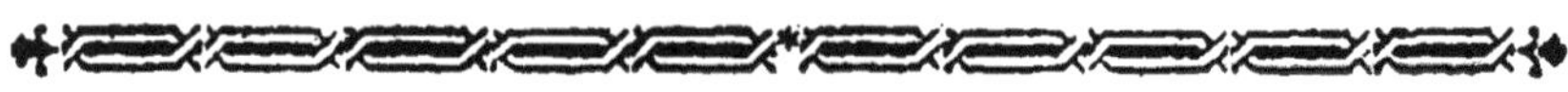

LE SAINT JEROME,

Tableau qui fe voit dans l'Eglife de faint Jérôme de la Charité, près le Palais Farnéfe;

Par le Dominiquin.

CE Tableau eſt haut de dixſept palmes, large de onze, &
& les figures en ſont grandes comme nature.

Jamais aucun mortel ne parut revêtu de caractéres plus
reſpectables que ceux que le Dominiquin a donné à ce Jérôme.
C'eſt un Vieillard à qui le nombre des années ne laiſſe plus
qu'un ſouffle de vie; un pauvre tout nud, & réduit dans une
Grotte où il eſt dépoüillé de toutes choſes ; mais le Peintre
lui a donné tant de dignité, qu'il n'y a forte de reſpect qu'il
n'inſpire, par l'air grand & venérable qu'il conſerve juſques dans
les ruines d'un corps tout caſſé de vieilleſſe, & autant exténué
par les auſtéritez, que par la maladie.

Une ſage Matrône proſternée à côté de lui, prend hum-
blement un de ſes bras pour baiſer ſa main avec reſpect; cette
ſeule action éléve l'état de ce ſaint Prêtre, tout pauvre qu'il
eſt, au deſſus de toute la magnificence humaine; & fait voir
qu'il ne perd rien de ſa grandeur, ni de la vénération qu'on
lui doit même par la plus extrême pauvreté à laquelle on
le voit réduit.

Enfin l'on peut aſſurer que le Dominiquin a élevé ſes
penſées juſqu'au ſublime dans cet ouvrage; & que ce Tableau
ne le céde à aucun de ceux du grand Raphaël d'Urbin, ni pour
l'expreſſion du ſujet en général, ni pour celle des figures en

G 3

par-

particulier, ni pour le goût & la correction du deffein, ni pour la fimplicité & la variété des airs de tête ; ni même, je le dirai hardiment, pour la nobleffe & pour la grace.

LES TROIS ENFANS, ou LES SAISONS.

Groupe antique qui fe voit au Palais Juftiniani.

CEs trois Enfans font tirez d'un même bloc de marbre, mais d'un marbre fi blanc, qu'on le prendroit pour de l'albâtre, s'il n'avoit un poli admirable que le plus bel albâtre ne fauroit recevoir.

Ils font couchez dans un baffin de marbre noir, ce qui fait encore d'autant plus éclater leur blancheur.

Ils font tous trois nuds ; & le Sculpteur, par l'attitude différente qu'il leur a donnée, a eu deffein de repréfenter les trois tems différents des diverfes Saifons de l'Année.

L'un eft couché & étendu fur le dos, bras & jambes tout ouvertes, comme peuvent être les enfans lors qu'ils meurent de chaud : il repréfente l'Eté.

Un autre tout ramaffé, ayant la tête & les genoux dans l'eftomac, & fe fourant tant qu'il peut fous les autres pour s'échauffer, repréfente l'Hiver.

Le troifiéme enfin qui repréfente l'Automne & le Printemps, a les membres moins développés que le premier, mais auffi moins ramaffez que le fecond, n'ayant ni chaud ni froid, à ce qui paroît, & tenant le milieu entre les deux Saifons extrêmes.

Ces

Ces trois petits corps femblent s'enfoncer l'un dans l'autre comme s'ils étoient véritablement de chair ; il n'y a pas dans tout Rome, un plus joli groupe, d'une invention plus ingénieufe, ni d'un travail plus fini.

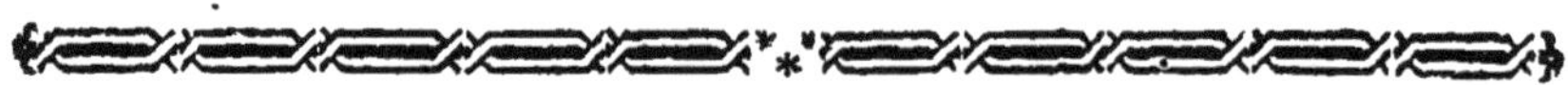

JESUS - CHRIST DEVANT PILATE,

Tableau qui fe voit dans le même Palais;

Par Titien Vecélli, communément appellé le Titien, né dans le Cadorin, petite Province du Frioul en Italie.

Jesus-Christ, dans ce Tableau, eft repréfenté devant Pilate, comme un accufé devant fon Juge. Pilate l'interroge; &, pour l'attitude d'un homme qui queftionne, rien ne fauroit être plus vivement exprimé.

Quant à Jesus-Christ, le Titien lui a véritablement donné l'air d'un prifonnier, mais c'eft l'air d'un prifonnier qui ne fe fent coupable de rien : Il a bien la modeftie d'un fuppliant devant fon Juge; mais il a, en même temps, la contenance d'un homme qui n'a rien à craindre de la plus févére juftice. Il eft lié & garrotté comme un criminel & un coupable ; &, avec tout cela, il imprime du refpect à fon juge même, parce qu'on découvre, en toute fa perfonne, les caractéres non feulement du plus jufte & du plus innocent de tous les hommes, mais encore de l'auteur même de l'innocence & de la juftice.

Au refte, le coloris de ce Tableau eft d'un goût fi excellent, que le Titien, qui femble avoir été produit par la Nature

pour

pour faire voir jufqu'où cette partie de la Peinture pouvoit être portée, n'en a plus fait éclater la force & la beauté dans aucun de fes ouvrages, que dans celui ci.

Les carnations y font fraîches, vigoureufes & fanguines, mais d'un fang pur, accompagné de cette force & de cet embonpoint qui les rendent fi naturelles.

On y voit, en quelques endroits, cet éclat & cette vivacité de couleurs dont le choix eft fi fier & fi net : &, en d'autres, cette diminution de teintes que caufe l'interpofition de l'air ; & ce judicieux affoibliffement de lumiéres & d'ombres, feul capable de produire les divers degrez d'éloignement qui font fuir ou avancer toutes les parties d'un Tableau, qui améne vers nous ce qui doit venir fur le devant, qui chaffe ce qui tourne & qui doit refter fur le derriére, qui arondit fi bien les corps; & qui fait que leurs contours & leurs extrémitez fe perdent, comme par un détour fi infenfible, qu'il femble qu'on aille voir, dans ces figures fi bien détachées de leur fond, même ce qui en eft caché*, & que l'œil aille tourner tout autour d'elles ; en un mot on voit les plus charmans effets de cette merveilleufe entente de la Perfpective aërienne, qu'il poffédoit auffibien que la Perfpective linéale.

On y voit ce Conftrafte agréable au milieu duquel il a fi judicieufement confervé l'union & l'accord des couleurs.

Celles qu'on appelle locales y font recherchées avec une fçavante fidélité; mais de ces recherches fondües & prefqu'imperceptibles, qui ne peuvent partir que d'un pinceau, comme le fien, libre, prompt & leger.

Les oppofitions y font fiéres & fuaves tout enfemble ;

&

* *Sic enim definere debet extremitas, et promittat alia poft fe, oftendatque etiam quæ occultat.* Plin. l. 35. c. 10.

& les touches fi fpirituelles, fi precieufes, & avec cela, fi con-
formes au caractére des objets que la douce harmonie & le charmant concert qui en réfulte, force tous les Connoiffeurs à
avoüer que perfonne n'a approfondi, avec plus de fuccès, l'ef-
fence de la Peinture, & n'a mieux pénétré les myftéres de fon
art, que lui.

LE SATYRE,

Statue antique,

Qui fe voit à la Vigne Ludovifie.

JAMAIS Satyre vivant, s'il eft vrai qu'il y en ait eû, n'a
été plus Satyre que celui-ci ; c'eft la plus belle expreffion
& la plus vive qui foit jamais tombée dans l'efprit hu-
ain : Les yeux, l'imagination, l'ame, tout eft faifi à la vuë de
cette Statue; & il y a un efprit & une vie, dans cet ouvrage,
qui femblent aller audelà de la nature même, tant il eft animé.

Tout ce qui peut fe connoître, par la phyfionomie, des
rufes d'un vieux Renard, de la malice d'un vieux Singe, de la
pétulance d'un Satyre, tout cela eft vivement exprimé dans l'air
de celui-ci ; ferme fur fes jambes quoi-que menuës, il fe préfente avec une preftance affurée; bravant, avec la moitié de fon
corps de bouc, les hommes mêmes, aufquels ils femble infulter
avec fon air plein d'une impudence gaye, & d'une effronterie
contente : vous diriez qu'il fort de fa Grotte pour attraper
quelque Nymphe au paffage : & que feur des piéges qu'il fait
leur tendre, il n'en manque pas une.

H

Pour

Pour moi, je fuis perfuadé que les Anciens ont vû des Satyres réels fur lefquels ils ont fait ces belles images qu'ils nous en ont laiffées; il n'eft nullement furprenant que la brutalité des hommes ait enfanté ces fortes de monftres dans le Paganifme: D'ailleurs d'où leur feroit venu le deffein de faire un animal moitié homme, moitié chévre? Une pareille idée peut-elle jamais venir dans l'imagination, fi on n'a rien vû de femblable dans la nature? Cependant, on voit une infinité de ces Satyres faits par les Anciens.

LA SAINTE VIERGE,

Tableau qui fe voit à un des Autels de Sainte Marie Majeure.

Par le Guide.

CE Tableau n'eft qu'une copie de celui qu'a fait le Guide. On ne fait pas trop bien ce qu'eft devenu l'original: quoi qu'il en foit; à en juger par cette copie, on peut dire que c'eft moins l'Image de la Vierge, qu'une expreffion de la délicateffe du Peintre qui l'a fait.

Les mains de la Sainte Vierge font les plus belles que le Guide ait jamais faites; & la manière dont il lui fait tenir le linge dans lequel l'Enfant Jesus dort, met la beauté de ces mains dans tout fon jour.

Au refte, de quelque prix que foit l'augufte dépoft que contient ce linge, l'air délicat dont la Vierge le foutient, femble

ble le rendre encore d'un plus haut prix; & l'on ne peut tenir
la chofe du monde la plus précieufe d'une maniére qui en faffe
mieux fentir le [précieux.

Enfin l'on ne fauroit trop admirer, ici, le talent merveilleux qu'avoit cet excellent Peintre pour je ne fai quelles
tendreffes dans les extrémitez où il deffinoit certaines parties
dont la délicateffe femble avoir échapé au pinceau des autres.

L'ASSOMPTION DE LA SAINTE VIERGE,

Tableau qui fe voit au Plafond de l'Eglife de
Sainte Marie *in Traftevere.*

Par le Dominiquin.

CE Tableau eft une de ces Peintures charmantes qui
plaifent, dès le premier moment qu'on les regarde,
autant par le Coloris, que par le Deffein.

La Sainte Vierge, les yeux tournez & les bras étendus
vers le Ciel, avec une action pleine de feu & d'ardeur, y
femble plutôt monter par la force de fes defirs, que par le fecours des Anges qui l'y élévent.

Toute fon ame paroît être réünie dans fes yeux; & le
regard qu'elle porte vers les Cieux femble détacher cette ame
de fon corps, & la tranfporter dans le fein de Dieu.

Je ne fai quelles traces d'une fplendeur divine répanduës
fur fon vifage & dans toute fa perfonne, font paroître fon

H 2

corps

corps déja tout célefte; glorieux & immortel; &, quoi qu'à
voir la viteffe du mouvement avec lequel ce corps eft enlevé,
on diroit qu'il n'a plus rien de fa pefanteur naturelle; il femble néanmoins que fon ame impatiente d'atteindre au terme
de fa gloire, s'efforce de devancer le corps par des élancemens
encore plus rapides que quelque mouvement corporel que
ce foit.

Les petits Anges qui font fous les pieds de la Sainte Vierge font d'une beauté charmante; ce font véritablement des Anges, & la nature humaine n'a jamais rien produit de fi beau.

Au refte, toutes les couleurs de ce Tableau font auffi vives & auffi fraîches, que s'il venoit d'être fait; & il me femble
qu'on y entrevoit je ne fai quelle vigueur harmonieufe qui paroît être à l'épreuve de toutes les alterations que le tems a cou-
tume d'apporter à ces fortes d'ouvrages.

FAU-

FAUSTINE LA JEUNE.

Statue Antique,

qui se voit à la Vigne Mathéi.

LA RELIGION,

Statue qui se voit au Tombeau de Paul III. dans l'Eglise de St. Pierre au Vatican,

*Par Guillaume de la Porte *, Lombard,*

PARALLELE DE CES DEUX STATUES.

LA Statue de Faustine la jeune, femme de l'Empereu Marc-Aurele le Philosophe, est, au jugement de tous les Connoisseurs, une des plus excellentes Antiques qui soient à Rome.

Faustine y est représentée comme une des plus belles femmes qui ayent jamais été au monde; elle est grande, sans être hommassé: d'une taille très fine, sans être maigre, & a de l'embonpoint, sans être grossiére.

Imaginez vous le corps le mieux formé qui fût jamais, enveloppé seulement d'une écharpe de femme par dessus un habillement de quelque étoffe de soye, sans chemise; car les extrémitez du voile qui couvre Faustine depuis la tête jusqu'au milieu du

H 3

corps

* Il étoit Eleve de Michel-Ange Buonarotti; Il fit cette Statue suivant le dessein que lui en donna Annibal Caro, Poëte fameux.

corps, tombent fur fes bras par-devant comme les bouts des écharpes des Dames Françoifes; cet efpéce de voile, excepté qu'il couvre la tête, a la même tournûre & le même air, que ces écharpes: Et le refte du corps eft mollement enveloppé d'un ha-billement long & majeftueux qui l'entoure d'une matiére noble & naturelle.

Figurez-vous enfin le plus beau corps du monde, affez ha-billé pour ne pas choquer la pudeur; & vêtu d'une étoffe affez déliée, pour en laiffer voir toute la beauté; une draperie qui couvre depuis le haut de la tête jufqu'au bout des pieds, & en même tems fi mince qu'on voit toute la beauté du corps à tra-vers; en forte que cette femme a, tout enfemble, les graces de la modeftie, & le charme de la nudité.

On ne fauroit fe laffer d'admirer le caractére de beauté que le Sculpteur a répandu dans fon air & dans toute fa perfonne; ce font des charmes modeftes, flateurs, & en quelque façon ti-mides; plus tendres que briilants; doux, & néanmoins forts; vifs, fans être éblouïffans; pénétrans, fans avoir rien que d'hu-main.

La Statue qui repréfente la Religion au Tombeau de Paul III, eft une beauté toute oppofée à celle-ci. Pour moi, je ne crois pas qu'il foit, ni qu'il y ait jamais eû fur la terre, une fem-me auffi belle qu'eft cette Statue: C'eft une beauté telle que l'i-magination qui a la liberté de fe former des phantômes à plaifir, peut s'en faire une en fe joüant; ou plutôt telle qu'un bel Efprit peut fe la figurer, lors qu'élevant fes idées au deffus de la nature toujours défectueufe; il s'enchante lui-même en fe repréfentant, fous de charmantes images, les chofes auffi parfaites qu'elles le pouroient être, & moins comme elles font, que comme il fou-

hait-

haitteroit qu'elles fuſſent: quoi qu'il en ſoit, cette beauté eſt d'un caracté e tout différent de la Fauſtine.

C'eſt une femme jeune, vive, brillánte, & d'une trèsgrand éclat, qui ébloüit, & qui ravit; au lieu que la Fauſtine n'a, pour attraits, que la douceur, la tendreſſe, & la modeſtie.

La Religion emporte le cœur ſans le laiſſer deliberer, ſa beauté impérieuſe l'enlevant rapidement par des charmes toutpuiſſans à qui rien ne peut reſiſter. La Fauſtine, au-contraire, laiſſe ſentir le plaiſir qu'on goûte à la voir, les yeux ont la liberté de réfléchir ſur tous les charmes dont ils ſont occupez, ſur toutes les graces qui les enchanteut; & cette beauté, par des agrémens plus tempérez, mais dont il eſt auſſi impoſſible de ſe deffendre, pénétre plus l'ame, & lie davantage le cœur. En un mot, il ſemble que ſi on eſt plutôt emporté par l'autre, on ſe donne plus volontiers à celle-ci; que ſi la premiére enléve le cœur, il ſe livre lui-même à la feconde; & que ſi on admire plus la Religion, on aime davantage la Fauſtine.

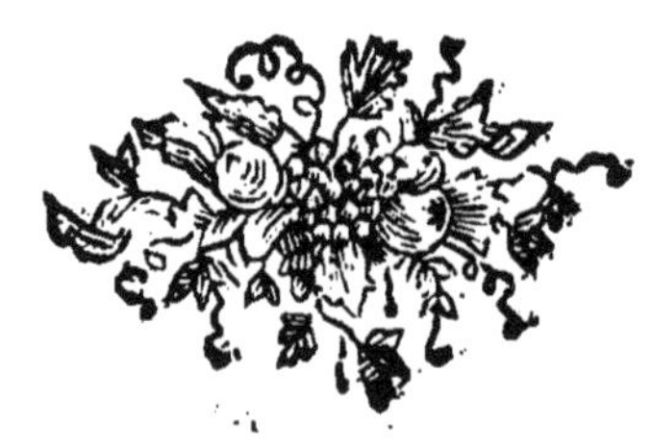

LA NIOBE' ET SES ENFANS,

Ouvrage Antique qui fe voit à la vigne Medicis.

Par Praxitele Sculpteur Grec.*

ON ne trouvera, ni à Rome, ni en Italie, ni en aucun lieu du monde, un fi grand amas d'excellentes Statues, dans un auffi petit efpace qu'eft celui-ci.

Chacun fait la Fable de Niobé, fa vanité, & fa punition; on en a lû la defcription dans Ovide; mais nulle defcription n'en formera jamais, dans l'efprit, une idée pareille à celle qu'en donne la vuë de ces précieux Monumens de l'ancienne Sculpture.

Ce font quinze figures enfemble, qui repréfentent Niobé & tous fes Enfans; on en voit quelques-uns percez par les flé-ches vangereffes d'Apollon, d'autres déja tuez & étendus par terre; ceux-ci fe baiffant pour éviter les coups, ceux là croyant les parer par la pofture où ils fe mettent; l'un fûyant, l'autre bleffé, celui-ci mourant, celui-là déja fans vie: Et tout cela, avec des actions fi vives, & dans des attitudes fi naturelles, qu'en fe trouvant au milieu de toutes ces figures, dont l'une prend l'é-pouvante, l'autre la fuite, il ne femble plus que ce foient des Statues, mais des perfonnes véritables, tellement qu'on ne peut s'empêcher de prendre part à leurs fentimens, d'être faifi de leur épouvante, allarmé de leurs allarmes & agité de leurs divers mouvemens.   C'eft

---

*Du tems de Pline, la plûpart des Connaiffeur attribuoient cet ouvrage à cet excellent Sculpteur. *Plin. l. 36. c. 5.*

Ovide metam. 6.

C'eſt une choſe admirable que la ſituation de tant de perſonnes fuyantes, effrayées, mortes, ou mourantes, qui dans des actions & dans des états ſi différents, ſont néanmoins ſi bien placées, qu'elles ne s'embarraſſent point l'une l'autre; & qu'on les peut enviſager également bien, ſéparément, ou toutes enſemble formant un Groupe de figures ſi judicieuſement diſpoſées, que, d'un ſeul coup d'œil, on voit toute cette hiſtoire comme ſi elle ſe paſſoit en nôtre préſence.

Sans entrer dans le détail de ce grand ouvrage, qui iroit à l'infini, on peut dire en général que le Sculpteur y a excellemment bien exprimé la vie, la mort, & l'agonie, dans les divers perſonnages qui le compoſent, dont les uns ſont expirans, les autres morts, les autres non encore frappez des fléches mortelles; la frayeur dans ceux qui ſont épouvantez; le mouvement dans ceux qui courent; l'immobilité dans la Niobé changée en Rocher.

Rien n'eſt plus leger que ceux qui fuyent; & rien n'eſt plus ſouple que ceux qui ſe contournent.

La taille fine des filles de Niobé, leur air dégagé, & leur poſture en action de fuïr, les fait paroître comme en l'air; & voler plutôt que courrir, aux yeux de ceux qui les regardent.

On en voit qui ſentant le danger, veulent prendre une fuite précipitée, mais qu'une frayeur glaçante arrête & empêche de courir auſſi vite que le péril le demande.

Mais enfin tous les regards s'attachent ſur la Niobé pétrifiée, & cette excellente piéce emporte toute l'admiration; auſſi eſt ce un ouvrage au deſſus de tout ce qu'on en peut dire, & le ſujet du monde le plus difficile, pour l'expreſſion: Car, ſi on admire qu'un Statuaire donne de la vie & du mouvement à une pierre dont il fait une perſonne, qui par conſéquent

I

doit

doit être une figure mouvante & animée, je trouve qu'il est bien plus admirable & bien plus difficile de faire, d'une pierre, une figure qui paroisse, tout ensemble. une personne véritable & une personne pétrifiée.

C'est-là assurément le chef-d'œuvre de la Sculpture: qu'on y pense bien; il est beaucoup plus aisé de faire paroître une pierre, un homme, qui paroisse tout à la fois, & un homme véritable & une pierre véritable: ce qu'il faut cependant faire pour représenter une personne pétrifiée comme est la Niobé; car il a fallu que le Sculpteur ait tellement changé la pierre qu'il travailloit, qu'elle semblât être devenuë une femme; qu'ensuite il ait tellement changé cette femme, qu'elle semblât être redevenuë une pierre; & qu'enfin elle parût être, tout ensemble, & une pierre & une femme, comme elle le paroît.

Au reste, cette Statue est beaucoup plus grande que les autres, sur lesquelles elle a même un air dominant, elle est placée sur l'endroit du terrain le plus élevé; toutes les autres figures semblent être faites pour celle-ci, & se réünir à elle comme à la principale: Aussi a-t elle un air si grand, si noble, & si plein de majesté, jusques dans sa douleur & dans son désespoir; que Latône & toute autre Déesse, sans en excepter même Junon, semblent le devoir céder à une pareille mortelle.

Enfin rien n'est plus admirable que toutes ces excellentes Statues, ou considérées séparément en elles-mêmes, ou par le rapport qu'elles ont les unes aux autres, ou par celui qu'elles ont toutes en général avec la Niobé.

Quel amas de beautez & de chef-d'œuvres dans un espace de vingt ou trente pieds! Il y auroit là de quoi parer tout un grand Royaume; cependant, ce n'est que l'ornement d'un coin d'un jardin de Rome,

EPI-

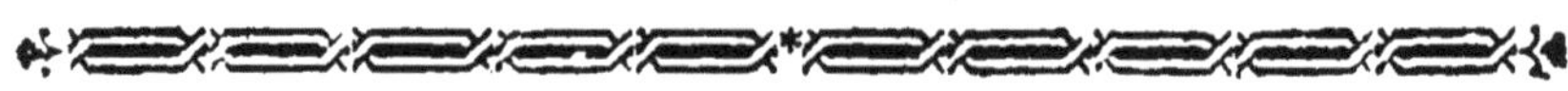

EPITAPHE,

Qui fe voit dans l'Eglife de la Minerve.

Par le Cavalier Bernin.

CETTE Epitaphe eft un caprice ingénieux, où, comme dans tous les autres ouvages du Bernin, on voit de l'élégahce, de la nobleffe, & je ne fai quoi de fingulier & de nouveau, qui part d'un génie qui invente tout ce qu'il fait, & qui ne copie rien d'aprés perfonne comme font la plùpart des autres Sculpteurs; car cette Epitaphe attachée à un des Piliers de la Minerve eft de ce caractére.

C'eft une grande piéce de marbre noir, dont il a fait une Nape étenduë & volante, ou plutôt un grand Tapis bouillonné & noüé par en haut, lequel, en tombant, forme quantité de plis négligez, & d'une grandeur qui lui donne une majefté infinie. L'infcription eft gravée en caractéres d'or fur ce marbre noir: jamais on n'inventa rien de plus noble pour une fimple Epitaphe: Jufques dans les caprices & les jeux des grands hommes on trouve plus de goût & de génie, que dans les ouvrages les plus méditez des autres!

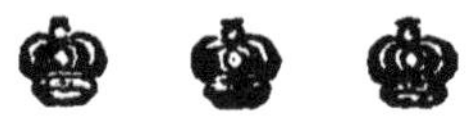

LA FONTAINE DE MONTORIO.

Par le Cavalier Fontana, & par Charles Maderne.

QUAND on voit cette superbe Fontaine, on héfite à laquelle des deux on ajugera le prix de la magnificence; ou à celle de la Place Navône dont nous allons donner la defcription, ou à celle-ci.

C'eft une Riviere entiére qui fort par cinq bouches pratiquées dans une efpéce de Portail, ou d'Arc de Triomphe; & cette Riviére étant ainfi partagée, il femble que c'en foient trois accompagnées de deux Torrens.

Cet Arc a cinq Portes ornées des plus belles Colonnes de granite Oriental qui fe puiffent voir, & eft beaucoup plus haut, plus large, & plus grand que tous les Arcs de Triomphe qu'on ait jamais faits.

Les Torrens d'eau, par leur mouvement continuel & par le bruit de leur chutte, femblent animer ce magnifique morceau d'Architecture; nul ouvrage de cette étendue, Ancien ou Moderne, n'a plus de majefté & de grandeur; &, pour la fituation, il n'y en peut avoir au monde de plus favorable, étant élevé fur *Montorio*, le Janicule des Anciens Romains, lequel femble dominer tout Rome de ce côté-là; de forte que, de tous les endroits d'au-de là du Tybre on voit ce fuperbe ouvrage étalé comme en fpectacle à tous les yeux.

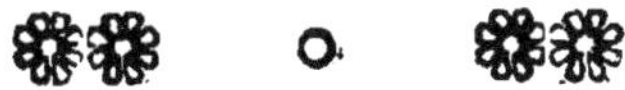

LA

****

LA FONTAINE DE LA PLACE NAVONE.

Par le Cavalier Bernin.

C'EST ici un de ces ouvrages modernes qui peuvent être mis en parallele avec ce que les Anciens Romains ont fait de plus beau pour l'ornement de l'ancienneRome; & l'on pourroit même douter qu'ils euffent jamais rien fait de fi beau pour un pareil fujet.

Le génie, le bon goût, la grandeur, tout eft ramaffé dans cet ouvrage; & jamais, pour une Fontaine, on ne forma un deffein fi grand & fi majeftueux.

Quatre Coloffes de marbre y repréfentent les quatre plus grands fleuves du monde, le Gange, l'Euphrate, le Nil, & le Danube; ces quatre figures font d'un deffein admirable, formées, avec un art tout fingulier, pour figurer fymboliquement ces fleuves; le Nil fur-tout, qu'on reconnoit à fes Crocodiles, eft encore plus ingenieufement caractérifé par fa Tête enveloppée & à moitié cachée, ce qui figure admirablement ce fleuve dont la Source n'eft pas trop bien connuë.

Les quatre Coloffes font couchez & etendus fur les quatre coins d'un grand Rocher de marbre fi ruftique, qu'il femble que ce foit une véritable Roche.

De deffous ces fleuves il fort, par des fentes faites exprés, des Napes d'eau très vaftes, mais d'une maniére irréguliére quoi que la plus agréable qu'on puiffe voir; ce qui fait paroître le Rocher encore plus naturel, auffi bien que l'eau qui en fort comme

I 3

par

par des Crevasses qu'il semble qu'elle ait faites elle-même dans le Roc, pour s'y ouvrir un passage : Ces Napes d'eau sont si larges, qu'une seule suffiroit pour faire une très grosse Fontaine ; cependant il y en a quatre toutes également abondantes.

Le Rocher est percé de part en part de deux côtez & voûté, formant ainsi une Caverne, dont le fond se remplit de l'eau des quatre Fontaines qui sont dessus.

Un Lion de marbre y boit d'un côté, & un Cheval Marin sort de l'autre ; & ces deux figures sont deux chef-d'œuvres dans leur genre, aussi-bien que les quatre Statues colossales.

Le Cheval Marin semble se secoüer en sortant de l'eau, aller avancer hors de la Caverne, & s'élancer dans la Place, tant il a de légéreté & de feu !

Le Lion paroit échauffé du carnage ; avide & altéré, il croit qu'il ne trouvera jamais assez d'eau pour étancher sa soif ; il élargit ses pates ; il étend sa poitrine, comme pour donner plus de volume à ses poumons qui semblent aller épuiser le réservoir, & mettre la Caverne à sec.

Les Anciens n'employoient qu'une seule statue pour représenter un grand fleuve ; ici, quatre Colosses servent à la décoration d'une seule Fontaine ; quelle magnificence & quelle grandeur ?

L'attitude des Dieux des Fleuves étoit uniforme chez les Anciens ; c'étoit toujours un Vieillard à longue barbe, appuyé sur une Urne, le corps couché & étendu ; ici, tout est varié, & les quatre Statues ont des attitudes toutes différentes les unes des autres,

Enfin tout cet ouvrage est comme couronné par un Obélisque qui étant élevé sur la cime du Rocher qui sert de base à un pied-d'estal fort haut, le fait paroitre comme un des plus grands

Obé-

Obélifques de Rome; tellement que le Bernin déploye plus de magnificence dans ce feul morceau d'Architecture, que la plupart des autres Architectes n'en ont fû faire paroitre dans les ouvrages les plus vaftes & les plus étendus.

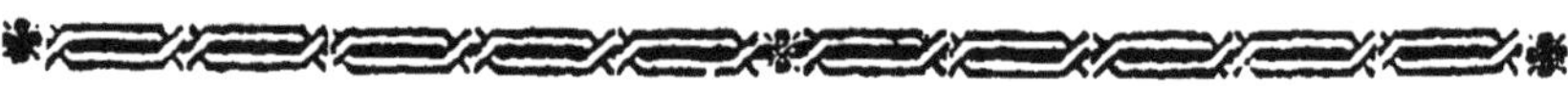

LES JOUEURS,

Tableau qui fe voit au Palais Barberin.

Par Michel-Ange Merigi, communément appellé le Caravage, né à Caravage, Bourg dans le Milanois.

Il n'y a que trois figures dans ce Tableau; favoir deux Filous, & un jeune home fort fimple dont ils attrapent l'argent.

La fimplicité fotte & la Niaiferie ne fauroient jamais être mieux repréfentées quelles le font dans la phyfionomie du jeune homme qui fe laiffe duper.

La rufe & la fripponnerie ne peuvent être mieux peintes, qu'elles le font dans celle du Joueur qui filoute.

Il y a un fecond filou qui ne joüant point, eft d'intelligence avec celui qui joüe; il eft entre les deux Joüeurs; & regardant les cartes du jeune homme dupé, il marque, par fes doigts, les points de fon jeu, à l'autre; ce fecond filou eft beaucoup plus âgé que celui qui joüe; & a, dans fes rides, certains airs d'un tourbe encore plus rufé que l'autre, d'un frippon plus confommé, d'un fcélérat qui a vieilli dans le métier; c'eft un paffefin, un chef de filous, un Maître Voleur en comparaifon de l'au- tre, tout aigre fin qu'il paroiffe, qui n'eft qu'un apprenti frippon.

En

En un mot, toutes les expreſſions de ce Tableau ſont ſi naturelles & ſi parfaites, qu'on comprend, tout d'un coup, le génie, le caractère, & les actions des perſonnes qui le compoſent; & qu'un enfant même, ſans qu'on lui dît rien du ſujet, verroit bien que c'eſt un ſot que deux Filous attrapent.

Enfin, on trouve dans cet Ouvrage, comme dans tous les autres du Caravage, cette manière également douce & forte qu'il s'eſt faite lui même, ſans avoir rien emprunté des autres Peintres; car il joint par-tout, merveilleuſement, une force terrible à une agréable ſuavité; c'eſt le pinceau le plus ferme & en même tems le plus moëlleux qui fût jamais.

Ses couleurs locales ſont très recherchées; ſes lumiéres & ſes ombres diſtribuées, avec toute l'intelligence poſſible, ſur chacun des objets, & ſur les Maſſes entières; ſes diſpoſitions excellemment bien contraſtées & liées de groupes; ſes Compoſitions judicieuſement ordonnées, & dans toutes les bienſéances qui leur conviennent; ſa manière d'un grand effet, ſon travail fini avec une extréme exactitude; & pour ce qui eſt du Clair obſcur, il en a pouſſé ſi loin la ſcience & la pratique, que Rubens même, qui, au jugement de bien des gens, l'a emporté ſur tous les autres Peintres par ſa capacité dans cette partie, reconnoît qu'en cela le Caravage eſt ſon Maître : auſſi rien n'eſt il plus agréable que les gracieux repos qui ſe trouvent, par là, dans ſes ouvrages.

D'ailleurs, ſans trop agiter ni tourmenter ſes Teintes, ſans les corrompre ni les détruire comme ont fait tant d'autres, par le mouvement d'une main peſante, il a ſû les lier, les noyer tendrement, les fondre & les incorporer les unes dans les autres; & donner, par ce moyen, une ſi prodigieuſe vérité aux objets, qu'il les a, pour ainſi dire, rendus palpables, & que tout le

mon-

monde eft forcé d'avoüer que la nature ne fauroit être mieux co-
piée, qu'elle l'eft dans tout ce qu'il a peint.

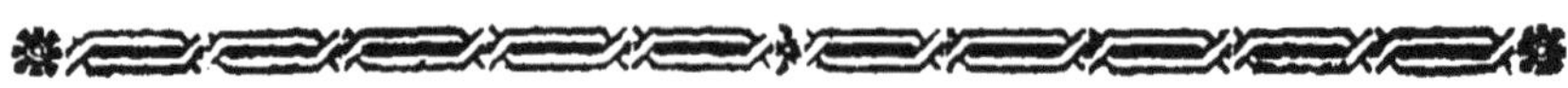

TÊTE DE S. PIERRE.

Tableau qui fe voit au Palais Pamphile.

Par Annibal Carache.

IL eft impoſſible de voir une expreſſion plus vive & plus parfaite de la Contrition, que celle que le Carache a donnée
à ce faint Pierre qui pleure fon péché.

C'eſt le repentir le plus amer, & le ferrement de cœur le
plus douloureux du monde.

L'ame de cet Apôtre toute pénétrée d'amertume, paroît fur
fon vifage contrit, & abimé encore plus de la douleur qui y eſt
peinte, que des larmes qui le noyent.

Ces larmes font fi vraies & fi naturelles, qu'on ne pourroit faire davantage avec de l'eau, quand on y en mettroit de
toute fraiche; elle ne feroit point différente ni pour la liquidi-
té, ni pour la tranfparence; jamais on n'a vû un vifage ni des
yeux mieux mouillez par des larmes réelles & effectives; & chacun eſt tenté d'y porter les doigts, pour voir fi l'œil fe trompe.

K

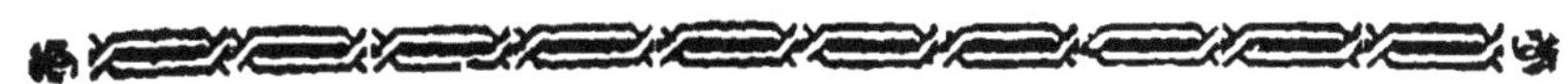

LE CRUCIFIMENT DE S. PIERRE,

Tableau qui se voit à S. Paul des trois Fontaines, hors de Rome.

PAR LE GUIDE.

SOIT la force des ombres, soit le tems qui ait noirci le fond de ce Tableau, il n'y en a aucun à Rome, où les figures ayent tant de relief, que dans celui-ci; tellement qu'en le regardant, on croit voir des bourreaux effectifs qui tiennent, attachent, & crucifient saint Pierre, sans qu'il ait ni peinture ni tableau, parce que la toile ne paroissant point, tant elle est noire, il semble qu'il n'y ait que les corps que l'on voit avec toute leur rondeur & tout leur relief.

Un des Bourreaux se tient au haut de la Croix renversée, ayant un marteau & un grand cloud tout prêt pour attacher les pieds de l'Apôtre, lorsqu'un autre bourreau, qui les fait monter avec une corde, les aura élevez assez haut; & le troisiéme bourreau soutient la tête & les épaules, pour faciliter l'élévement & aider celui qui tire la corde.

Il semble que le sang quitte, à vuë d'œil, les pieds & les jambes, pour tomber tout dans la tête qui est en bas, & dans les parties du corps qui en sont les plus voisines; la peau du crâne & le visage en sont déja tout rouges; le cou & l'estomac en sont aussi rougis, mais d'un rouge moins fort que celui du visage & de la tête, où il est descendu une bien plus grande quantité de sang.

D'au-

D'autre côté, la plante des pieds est, de plusieurs nuances, plus blanche que les jambes, parce que le sang en est sorti plutôt, & est descendu plus bas.

Enfin, ces couleurs de blanc & de rouge sont distribuées avec une proportion si judicieuse, qu'il semble que la rougeur du visage s'augmente, & que les jambes blanchissent & pâlissent de plus en plus, à mesure qu'on demeure plus de tems à les regarder.

Au reste, quand on ne sauroit pas, d'ailleurs, que le Guide n'obtint du Cardinal Borghêse, la préférence sur les autres Peintres qui se présentoient pour faire ce Tableau, qu'à condition qu'il le peindroit dans la maniére du Caravage qui plaisoit si fort alors, il seroit aisé de la reconnoitre à ce goût fort & obscur qui y régne; mais qui est, par-tout, accompagné de cette noblesse & de cette grace qui font le caractére propre du Guide.

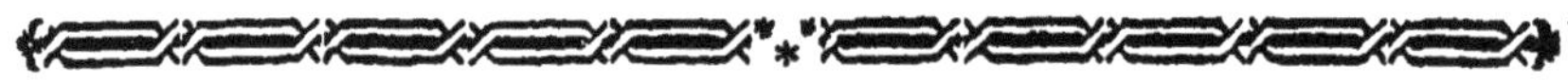

LE MOYSE,

Statue qui se voit au Tombeau du Pape Jules II. dans l'Eglise de Saint Pierre aux Liens.

Par Michel Ange Buenarotti.

CE Tombeau auroit été un des plus magnifiques Ouvrages de Rome s'il avoit été achevé suivant le dessein qu'en avoit fait Michel-Ange; son Moïse en est le plus grand ornement; & cette excellente Statue qui est plus grande

que

que le naturel, eſt la plus majeſtueuſe qu'ait produit la Sculpture Moderne.

Cette barbe venérable, ſi longue, ſi bien tournée, donne à Moïſe une grandeur & une majeſté infinie, mais une majeſté fiére & ferme, une grandeur impérieuſe & dominante.

Tout ce que les anciens Sculpteurs & les anciens Poetes ont donné de grand & de vénérable à leurs Dieux Marins, à leur Neptune même, eſt au deſſous de ce que Michel-Ange en a donné à ſon Moïſe.

Nulle deſcription, nul habillement de Theâtre, où l'art des génies les plus propres à cela, a ſouvent été épuiſé, n'a jamais fait paroître une expreſſion ſi noble d'une ſi grande majeſté, ni une ſi vive image de Divinité.

Le Pompée du Palais Spada, & les Conquérans de l'ancienne Rome, ne ſont point ſi grands, dans leurs Statues, que ce Légiſlateur du Peuple de Dieu.   On ne ſauroit, par tous les termes & toutes les expreſſions du monde, parvenir à former l'idée que la vuë de cette figure imprime dans l'eſprit de tous ceux qui la voyent; c'eſt la grandeur & la majeſté même, ſous la figure de Moïſe.

LA

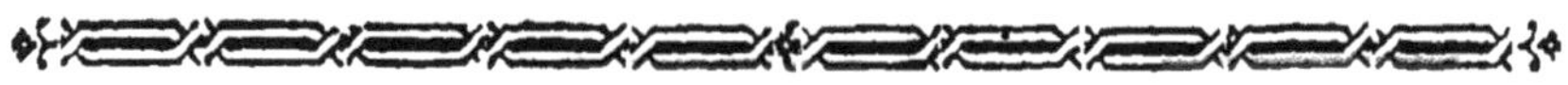

LA TRANSFIGURATION DE N. SEIGNEUR,

Tableau qui fe voit à Saint Pierre *Montorio.*

Par Raphaël d'Urbin.

CE Tableau a douze pieds & cinq pouces de haut, fur fept pieds & neuf pouces & demi de large; & il a ceci de particulier, qu'on n'y voit rien qui furprenne d'abord, n'ayant aucun de ces traits éblouiffans qui fe font admirer, au premier afpeft, par tous ceux qui les regardent; mais que plus on a d'intelligence dans l'Art de la Peinture, plus on y découvre de beautez qui font avoüer à tous les Connoiffeurs, que cet ouvrage eft non feulement le Chef-d'œuvre de Raphaël d'Urbin, mais encore le Triomphe même de la Peinture.

Les Peintres vous diront que c'eft le Tableau le plus parfait qui foit au monde, pour la correftion du Deffein, pour l'ordonnance du Sujet, pour l'affemblage des Groupes, pour la variété & l'accort des Couleurs dans tant d'habillemens, où elles font diverfifiées non feulement dan leur genre de verd, de bleu, de jaune, & de rouge; mais encore toutes diverfes les unes des autres dans les efpéces de tant de verds, de bleus, de jaunes, & de rouges de différentes fortes plus fortes ou plus foibles, toutes ménagées avec tant de difcretion, & fi bien accordées, qu'aucune ne tranche jamais trop vivement celle auprès de laquelle elle eft.

K 3

Les

Les mêmes Peintres vous y feront remarquer le corps de cette femme qui eſt ſur le devant du Tableau, laquelle améne à JESUS-CHRIST ſon fils qui eſt poſſédé du démon, comme un de ces corps ſi divinement bien deſſinez, auxquels on reconnoît toujours le grand Raphaël d'Urbin ; un de ces corps dont les Contours délicats & gracieux ont une élégance & un naturel d'une beauté qui enchante, de quelque côté qu'ils les repréſente. Celui-ci qui eſt tourné fait voir une taille la plus libre, la plus aiſée, & la plus noble qu'on ſe puiſſe jamais figurer.

Ils vous diront enfin, que ce ſeul ouvrage ſuffit pour faire connoître que cet excellent Peintre a entrevu, par la pénétration de ſon genie, la néceſſité & l'artifice du Clair-obſcur, dont il n'a pû puiſer l'idée dans aucune des Peintures de ſon tems ; ni apprendre les principes d'aucun de ſes Maîtres, qui n'en ont eû abſolument aucune connoiſſance : Que la force de ſon deſſein eſt telle dans ce Tableau, que les Contours y ſont prononcez, avec une netteté & une préciſion qui ne laiſſent rien à deſirer, par des traits marquez juſques dans les extrêmitez les plus noyées & les plus perduës ; & que cette force eſt, en même tems, accompagnée de tant de douceur, que juſques dans les parties les plus arretées on voit une liberté délicate qui en bannit toute ſeichereſſe & toute dureté ; Que la Compoſition en eſt noble, riche, abondante, pleine de ſageſſe & de gravité : Que toutes les Actions y ſont exprimées avec grace & avec bien-ſéance : Que ſes Figures ont toutes des mouvemens aiſez & naturels ; que, ſi elles ne ſont pas toujours groupées de lumiéres & d'ombres, elles le ſont d'une maniére encore plus agréable, par leurs actions, & que, ſi ſes Draperies ont été quelquefois de petite maniére, il y a fait paroître un grand goût & les a ſu jetter dans un bel ordre de plis, quand il l'a voulu ; toutes choſes, qui à dire la verité,

rité„ ne peuvent être parfaitement bien connuës, que par des gens du métier, qui fachent l'art & les régles de la Peinture : Mais voici ce que le bon fens & un peu de goût peuvent faire découvrir d'admirable, à tout le monde, dans ce Tableau.

Il eſt compofé de vingt fept figures ; toutes ſi bien placées, qu'à la réferve de quatre ou cinq il n'y en a pas une qu'on ne voye toute entiére : contre l'ordinaire de beaucoup de Peintres, dans les ouvrages defquels, foit pour avoir voulu éviter le travail, foit pour n'avoir pas fû dégager plufieurs figures dans un même Tableau, on ne voit que beaucoup de têtes derriére quelques perfonnages, qui font peints de toute leur longueur fur le devant du Tableau. Ici, tout eſt dégagé; & les figures y font ſi judicieufement arrangées, qu'on les voit également bien toutes fans aucune confufion, & fans que l'une couvre ou cache l'autre.

Jamais on ne vit divers Epifodes former une aftion plus aifée à concevoir tout d'un coup, que celle de ce Tableau.

Une mére affligée, accompagnée d'une parente & de quelques Juifs, améne à JESUS-CHRIST fon fils poffédé, afin qu'il le délivre ; un homme fort & robuſte tient cet enfant qui eſt horriblement agité par les Convulfions de la poffeffion, roidiffant les bras, ayant les jeux presque hors de la tête, & les doigts tout retirez & tout crochus, des tourmens qu'il fouffre; il femble qu'on entende fes cris, & que, par contre-coup, on reffente la violence de fes douleurs: toutes fes veines font enflées, la peau de fon corps extraordinairement tenduë, fes mufeles gonflez, & toutes les parties de fon corps dans un état ſi violent; que nul autre tourment que celui de la poffeffion ne fauroit vifiblement metre, dans de pareilles Contorfions, un corps humain,

Cette

Cette mére trouve les Apôtres sans Jesus-Christ, au pied du mont Thabor; elle leur montre les tortures que souffre son fils; tous les Apôtres regardent, avec une attention pleine d'étonnement, les Convulsions, de cet enfant; mais ne croyant pas pouvoir le délivrer du démon qui le possede, l'un d'eux se contente de montrer à la mére, le chemin qu'a pris leur divin Maître, qui s'est retiré sur le haut de la montagne au pied de laquelle ils l'attendent.

La mére montre aux Apôtres son fils qui souffre; les Apôtres montrent, à leur tour, à cette mére, le sommet de la montagne sur laquelle est leur Maître: L'action de la mére fait porter les yeux vers les Apôtres: Celle des Apôtres les fait élever vers Jesus-Christ; & ces deux actions sont si bien liées l'un à l'autre, que le dessein du Peintre est découvert tout d'un coup, & l'histoire du Tableau comprise aussi-tôt que vuë.

Les Têtes des Apôtres & des Juifs venus avec la mére de l'enfant, qui ont toutes des airs si différents, paroissent s'animer toujours de plus en plus à mesure qu'on s'arrête plus long-tems à les regarder; & la vie qui y est répanduë, fait tellement entrer le spectateur dans l'action qui se passe, que, saisi des mêmes sentiments de ces divers personnages, il les laisse tous pour envisager, comme eux, avec une pitié pleine d'étonnement, l'enfant qui souffre.

On croit assister réellement à cette action; on croit voir une montagne effective, par sa grosseur & par son coloris; on croit être au pied, avec la mére de l'enfant possédé, & implorer avec elle, le secours des Apôtres; on regarde, comme elle, le haut du Thabor où le Fils de Dieu paroît, au milieu des airs, dans un éclat de blancheur qui éclaire tout le Tableau,

&

& à la lueur duquel on voit JESUS-CHRIST plein d'une majesté qui ne peut convenir qu'à un Dieu ; éclat si vif & si brillant, que le sommet de la montagne qui en est tout illuminé, en fait paroître le pied dans une espéce d'obscurcissement.

Le CHRIST se voit ainsi au milieu des airs avec une attitude triomphante, comme un Dieu qui s'y soutient par sa propre puissance.

Moïse & Elie qui sont à ses côtez, brillent bien aussi d'un très grand éclat, mais qui ne paroît néanmoins qu'un rejallissement de celui de JESUS-CHRIST ; & quoi que leur suspension dans les airs soit une attitude qui tienne de la victoire & du triomphe, Raphaël y a sû joindre tant de modestie, qu'ils ne paroissent toujours que deux créatures pénétrées de vénération pour leur Dieu qu'ils adorent avec les sentimens de la plus profonde humilité, jusques dans leur triomphante suspension.

Trois des Apôtres qui étoient montez avec JESUS-CHRIST sur le haut du Thabor, le voyant de près environné d'un si grand éclat & revétu de tant de majesté, en demeurent également ébloüis & étonnez ; & quoi que l'attitude de tous trois soit différente, il seroit bien difficile de dire laquelle exprime mieux l'ébloüissement & la surprise que leur cause un tel spectacle.

L'art de Raphaël, est sur tout, admirable dans l'expression par laquelle il a sû faire paroître, d'une maniére si sensible, l'exhaussement du CHRIST à l'égard de ces trois Apôtres ; car, quoi qu'il n'y ait pas un pied de distance entre lui & eux, il semble qu'il touche l'Empyrée, & que le sommet de la montagne sur lequel ils sont, soit à son égard, un abime profond où il les laisse infiniment abbaissez au dessous de lui : L'attitude du CHRIST ferme & élevée, & le prosternement de ces Apôtres, dont l'un a le corps étendu presque tout de son long sur

L

la

la terre, produit cet effet; & c'eft ce que nul Peintre n'a encore pû attraper dans aucune des copies que j'ay vûes de ce Tableau; On voit bien, dans ces copies; que cet Apôtre eft fur la montagne, & qu'il y touche; mais l'attitude de ce corps fi naturellement couché & étendu par terre, c'eft une de ces productions du génie & une de ces expreffions du pinceau du divin Raphaël, auxquelles les autres Peintres ne fauroient arriver.

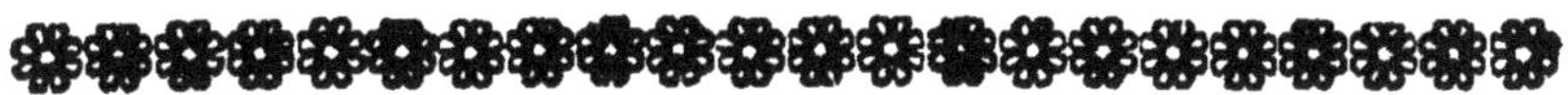

OUVRAGES de SCULPTURE

QUI SE VOYENT a. S. PIERRE DU VATICAN.

LA CHAIRE DE S. PIERRE.

Par le Cavalier Bernin.

CEt Ouvrage eft un de ceux dont la beauté eft fi éclatante, que tout le monde rend à leurs Auteurs toute la juftice qui leur dûë; car on ne peut le voir, fans admirer la richeffe de l'Efprit, dont l'invention a fû faire, pour ainfi dire, de rien une fi magnifique chofe.

En effet, que faire d'une Chaire ? Comment s'y prendre, pour en faire un des plus grands ornemens de la plus belle Eglife du monde? C'eft ici véritablement où il faut que l'art furpaffe la nature, que l'efprit fupplée à la matiére, & que la magnificence du génie éléve la fimplicité de la chofe qui n'a

rien

rien de grand & de beau par elle-même; & c'eſt ce qu'a fait le Bernin dans cet Ouvrage.

Il a enchâſſé la Chaire de S. Pierre dans une Chaire de bronze doré, percée à jour & enrichie de tous les ornemens que la Sculpture peut fournir dans un ſemblable ſujet; il l'a élevée au fond de l'Egliſe, où elle eſt ſoutenuë par quatre ſaints Docteurs * qui ſont des Statues de bronze beaucoup plus grandes que le naturel, & l'a couronnée d'une Gloire rayonnante auſſi de bronze doré: Et tout cela enſemble, executé comme il l'eſt, produit un effet ſi grand & ſi magnifique, qu'il n'y a aſſurément rien de plus beau dans l'Egliſe de S. Pierre.

LA NOTRE - DAME DE PITIÉ,

Groupe qui ſe voit ſur l'Autel de la Grande Chapelle qui ſert de Chœur aux Chanoines.

Par Michel-Ange Buonarotti. †

Jamais marbre ne fut mieux travaillé & mieux mis en œuvre que celui-ci; il ſemble que ce ſoit une pâte que le Sculpteur ait maniée & amollie comme il l'a voulu.

On admire, autre part, la Vie que les Sculpteurs donnent au marbre, qu'ils animent quelque fois d'une maniére mer-

L 2

veilleuſe

---

* Saint Athanaſe, ſaint Chryſoſtome, ſaint Ambroiſe, & ſaint Auguſtin.

† Michel Ange fit cet ouvrage pour le Cardinal Briçonnet.

veilleufe dans leurs ouvrages: Ici il faut autant admirer la Mort, dont Michel-Auge a fû fi bien répandre l'expreffion dans tous les membres du Christ que la Sainte Vierge tient fur fes genoux.

On fe récrie, ailleurs, fur la Légéreté que d'habiles Ouvriers ont fû donner à leurs Statues: Ici, il faut fe récrier de même fur la Pefanteur que Michel-Ange a fû ajouter à celle que le marbre a de lui-même, pour faire tomber les membres morts du Christ, dont le poids fe fait fentir, comme la légéreté fe fait voir dans quelques-unes des Statues des autres.

Cet Ouvrage a néanmoins deux défauts, qui empêcheront toujours qu'on le puiffe mettre au rang des autres Chef-d'œuvres de ce grand Homme.

Le premier, c'eft que la Vierge a le corps de Jesus-Christ fur fes genoux, fans qu'il paroiffe lui pefer ni l'incommoder: or il n'eft pas naturel qu'une femme puiffe avoir étendu fur fes genoux le corps mort d'un homme affez grand, fans en fentir le poids & être embarrafée.

La feconde faute regarde la Vierge toute feule: on ne peut donner plus de majefté à une femme, que Michel-Ange en a donné à celle ci; elle a toute la nobleffe, toute la grandeur, & toute la dignité poffibles; c'eft un prodige par là; mais il l'a faite trop jeune pour être la mere d'un homme de plus de trente ans qu'elle tient mort fur elle.

Michel-Ange n'a penfé qu'à faire une figure agréable, un vifage doux, modefte, & beau, & il y a réüffi; mais il n'a point fait attention à la proportion de l'âge qu'il devoit donner à la Sainte Vierge par rapport au Christ; elle eft fa mére, & elle ne paroît que fa fœur; c'eft une mére tendre, une mére de douleur, & les peines accablantes qu'elle vient de fouffrir de la Paf-

fion

fion & de la Mort de fon Fils devroient l'avoir vieillie; cependant Michel Ange en fait une femme fort jeune.

Le Vafari* tâche d'excufer ce défaut, & veut même y trouver un caractére de beauté porté jufqu'au raffinement: Pour moi, je ne fais point difficulté d'en convenir, non plus que de reconnoître, en même tems, que le mérite de cet excellent Sculpteur eft dailleurs fi bien établi, qu'une faute de cette nature ne fauroit donner qu'une très legére atteinte à fa réputation.

****

LA MAGDELEINE,

Tableau qui fe voit dans le Palais Pio, au Champ de Flore.

Par Jacques Robufti, vulgairement nommé le Tintoret, natif de Venife.

CETTE Magdeleine n'eft point la plus belle perfonne du monde, mais elle eft fi pleine de vie, que jamais peinture ne parut moins peinture que celle-ci; c'eft véritablement une femme vivante, & pleurante au milieu de tous les inftrumens de la mortification chiétienne, & dans une Grotte dont l'appareil n'infpire pas moins la pénitence, que la douleur & les larmes mêmes de cette fainte Pénitente.

Le Coloris de ce Tableau eft auffi excellent qu'il eft fingulier; Magdeleine y paroît fur la paille; fon habit eft un tiffu d'écorces d'arbre de même couleur que les joncs dont eft faite la

L 3

natte

*Dans fon Livre de la Vie des Peintres.

natte qui lui fert de tapis; les cailloux mêmes de fa Grotte font fecs & jaunes comme fon habit, fa paille, & fa natte; & tout cela affortit fi bien fon vifage pâle & décharné, qu'il n'y a point d'ouvrage, au monde, mieux entendu pour le Coloris.

Je ne dirai rien du caractére du Peintre, fi non que nul de fes Tableaux ne fait mieux voir que celui-ci, le talent particulier qu'il a eu de bien caractérifer fes fujets; que fes Carnations ne furent jamais plus vraies, fes Touches plus fpirituelles, & fon Pinceau plus ferme & plus vigoureux.

LA PORTE DU PEUPLE.

Par Michel-Ange Buonarotti, & par le Cavalier Bernin.

LA Porte du Peuple a ceci de fingulier, qu'elle eft feule l'ouvrage des deux plus grands Architectes que l'Italie ait produit dans ces derniers fiécles; car la Façade, qui eft en dehors de la Ville, a été faite par Michel-Ange; & celle qui eft en dedans a été faite par le Cavalier Bernin.

Les ornemens dont les autres Portes font quelquefois toutes chargées & tout-hiftoriées, ne paroîtront jamais que des colifichets auprès de la noble fimplicité de celle-ci; on n'y voit que deux ou trois ornemens, un fefton, deux volutes, mais d'une élégance à laquelle on reconnoît, tout d'un coup, qu'ils ne peuvent venir que d'un des plus grands Maîtres de l'Art.

Au refte, je ne crois pas qu'on puiffe rien voir de plus beau que cette Porte, à la regarder de dedans la ruë du Cours, parce que l'Obélifque qui eft devant s'y unit à la vuë, & en fait comme le couronnement; car le Bernin ayant fait le comble de cette

Porte

Porte, d'un Cintre de forme pleine, très peu différent d'un Cercle parfait, & l'Obélisque paroissant être au dessus, ce Cintre lui sert comme de base; l'Obélisque semble, par ce moyen, être élevé sur la Porte, & la termine admirablement bien avec la Croix qui est au haut; de sorte qu'à une certaine distance, on ne sauroit guére voir de plus beau spectacle d'Architecture, particuliérement sur le soir, où l'affoiblissement de la lumiére du jour favorise l'illusion des yeux, à qui ces deux ouvrages, quoi que séparez par un grand espace, paroissent néanmoins unis, ou plûtôt ne paroissent qu'une seule & même chose. On voit donc alors un Obélisque parfait, qui semble avoir, pour base, un gros Globe, à côté duquel sont deux especes d'adoucissemens en gorge, qui font le même effet que deux portions de Cercle recreusées; & d s boules posées sur des Piédouches, qui s'élévent à droite & à gauche sur la plate bande d'amortissement de la Porte, avec une régularité de symétrie qui charme la vuë.

LA PORTE PIE.

Par Michel-Ange Guonorotti.

IL n'y a point de Porte de Ville, même en Italie; qu'on puisse comparer à la Porte Pie, pour la delicatesse & l'élégance de l'Architecture; elle est d'une légéreté si surprenante, qu'il semble qu'elle ne soit faite que de Carton.

Elle n'a, pour tous ornemens, qu'un feston de Laurier sortant de deux Volutes, & deux Bassins surmontez d'un Manipule pendant dans les côtez, car c'est encore ici qu'on trouve ce caractére de simplicité auquel sont marquez tous les ouvrages des

grands

grands Architectes; ainsi, simple & legére, mais grande & majestueuse dans sa simplicité noble & dans sa légéreté délicate, elle étalle aux yeux une façade pleine de pompe & de magnificence, quoi que parée de deux seuls ornemens, mais d'un goût qui fait sentir que c'est l'ouvrage d'un génie fort supérieur à celui des Architectes ordinaires.

LE POMPE'E,

Statue antique qui se voit au Palais Spada.

POMPE'E a un air si grand, dans cette Statue, qu'il n'y a personne qui ne se trouve petit en sa présence, quoi que ce ne soit que son Image.

Il a je ne sai quoi d'auguste & d'héroïque, qui ne peut convenir qu'au Maître du monde. On ne peut regarder cette Statue sans être persuadé que c'est celle d'un Conquérant, d'un Héros, ou d'un Empereur, par la seule majesté de celui qu'elle représente.

Il s'en faut bien que les Statues de Céfar & d'Auguste qui nous sont restées, soient aussi belles; & si on les mettoit auprès de celle-ci, on ne les prendroit assurément, que pour des Officiers de Pompée, tant le Sculpteur a bien sû lui donner un air de Maître.

OUVRAGES DE PEINTURE
QUI SE VOYENT DANS L'EGLISE DE SAINT SYLVESTRE A MONTE-CAVALLO.

L'ASSOMPTION DE LA SAINTE VIERGE.

Tableau qui se voit à l'Autel de la Chapelle de la Vierge,

Par Scipion Oulzone natif de Gaiette.

E T

QUELQUES PEINTURES DU DOMINIQUIN,

Qui se voyent dans la même Chapelle.

LA Sainte Vierge, qui est peinte dans ce Tableau avec l'air le plus doux & le plus gracieux du monde, y semble monter à vuë d'œil; & le Peintre lui a donné une attitude si excellente, pour une Assomption, que plus on s'attache à la regarder, plus on la croit voir véritablement monter.

Les quatre Médaillons qu'on voit à la voûte de cette Chapelle, sont du fameux Dominiquin.

Dans celui de la Judith, les deux petits Garçons qui regardent la Tête de Holoferne, sont deux Chef-d'œuvres, pour l'expression; aussi nul Peintre n'a-t-il jamais si bien réüssi que lui à

M

pein-

peindre des enfans, comme on le peut voir ici, & dans ſes autres ouvrages: ce ſont des airs de tête, des poſtures de corps, une promptitude de mouvemens, une liberté de gestes, & des attitudes d'un naturel, d'une ſimplicité, & d'une vrai-ſemblan:e, qui paſſent conſtamment tout ce que les autres ont fait de mieux en ce genre, ſans en excepter qui que ce ſoit.

L'Eſther tombant en foibleſſe devant Aſſuérus, eſt un autre Chef d'œuvre non moins parfait; & jamais défaillance ne fût mieux exprimée, ſoit pour la pâleur du viſage d'Eſther, ſoit pour la chute de ſon corps, qui tomberoit viſiblement par terre ſans le ſecours de ſes femmes qui la ſoûtiennent.

Mais le Dominiquin a fait, à mon ſens, une faute de jugement inexcuſable dans le Medaillon, où il a peint David danſant & joüant de la harpe devant l'Arche d'alliance; en ce qu'il a mis, à la ſuite de ce ſaint Roi, une Bacchante, le tambour de Baſque élevé & la moitié du corps nud, précédant immédiatement les Lévites, qui portent l'Arche avec une modeſtie la plus compoſée, & qui fait d'autant plus éclater le ridicule de l'impudence & de la nudité de la Bacchante,

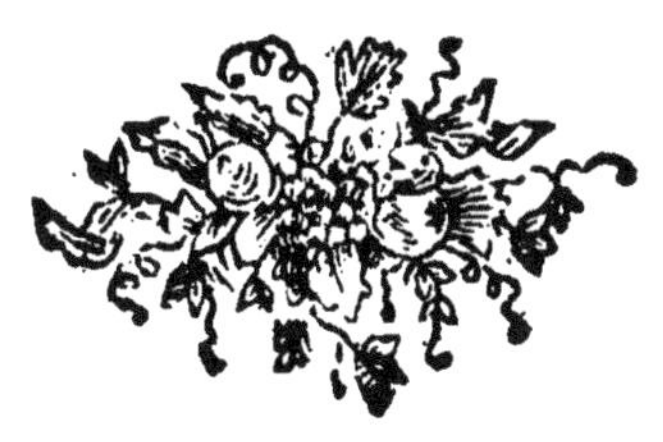

PERSPECTIVES,

Lesquelles se voyent à la Voûte de la même Eglise.

Par le Père Matbieu Zaccolino, Théatin, natif de Céséne, ville de la Romagne.

LE Dôme peint en perspective dans la Voûte du Chœur de cette Eglise, est fait avec un tel artifice, que les yeux les plus fins y sont trompez, sans que le jugement puisse corriger l'erreur des yeux. On ne sauroit s'imaginer qu'il n'y ait point d'enfoncement dans la Voûte à l'endroit où est peint ce Dôme, & qui est néanmoins tout plat & tout uni.

On voit, auprès de ce Dôme, un petit Ange peint dans le Cintre qui commence la Voûte du Chœur, & jamais aucun Ouvrage peint n'a paru un aussi véritable rélief que celui là : Cet Ange semble être entiérement détaché de la Voute, & n'y tenir que par la tête ; la Peinture ne sauroit pousser plus loin l'imposture ; aussi n'y a-t il jamais eû de Peintre qui ait mieux entendu la Perspective & les raisons des lumiéres & des ombres, que le Pére Zaccolin, au sentiment même du Poussin, dont le jugement doit être d'un grand poids sur une pareille matiére.

RES-

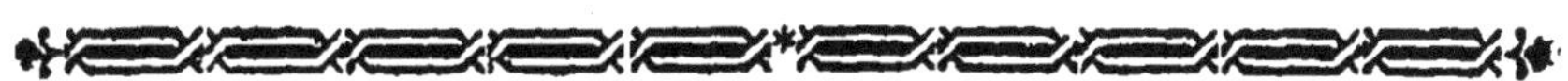

RESTES DES THERMES DE DIOCLETIEN,

Defquels Michel - Ange Guonarotti a fait

L'EGLISE DES CHARTREUX

Qui fe voit à Termini.

CLOÎTRE DES MÊMES CHARTREUX.

ICi l'on demeure fufpendu entre le mérite des Anciens & celui des Modernes ; & l'on ne fait à qui des uns ou des autres on doit donner la préférence.

D'un côté, la grandeur des vaftes & fpatieufes Salles de ces anciens Bains, eft au-deffus de tous les édifices modernes de cette nature ; d'abord qu'on y eft entré on croit être dans quelque Temple augufte ; on fe fent faifi de je ne fai quel refpect à la vuë de la majefté de ces fuperbes lieux, & l'on eft émû des mêmes fentimens dont on eft frappé lors qu'on fe trouve dans quelque Bafilique ou dans quelque Cathédrale magnifique. Les Colomnes qui foûtiennent les voûtes exhauffées de ces Thermes, font les plus-hautes, les plus-belles, & les plus parfaites qui nous foient reftées des Anciens, & l'on ne fauroit penfer, fans étonnement, à la capacité des Siécles qui ont produit de tels Ouvrages.

D'autre part, on demeure également faifi de furprife, quand on confidére le génie de l'excellent Architecte qui a fû faire une des plus belles Eglifes du monde, des Débris de ces

anciens

anciens Edifices; car Michel-Ange, en donnant la forme d'une
croix Grecque à cette Eglife, a fi bien renfermé dans fon deffein toutes ces vieilles mazures, que le moindre coin y fait fymé-
trie dans le corps de tout l'ouvrage; on n'en peut point voir
de plus claire ni de plus parfaite; de forte qu'on ne fait qui on
doit admirer le plus, ou les Anciens qui ont bâti de fi vaftes
& de fi fuperbes Edifices; ou l'Architecte Moderne qui a
fi bien fû en conferver les Ruines, &, de tant de piéces différentes, faire un vaiffeau fi régulier & fi beau.

Le Cloître des mêmes Chartreux eft auffi de Michel-Ange; & il n'y en a aucun, dans toute l'Italie, d'un deffein fi élé-
gant & fi mignon, quoi que ce foit un des plus grands qui
ayent jamais été faits. C'eft une légéreté d'Architecture admirable; dans les Galeries d'enbas, il n'y a, du côté du Jardin,
que de petites Colomnes, d'une fi grande délicateffe, que ces
Galeries font auffi claires que s'il n'y avoit rien du tout de ce
côté-là : Celles d'enhaut, quoi que fermées du côté du Jardin,
font percées de tant de fenêtres, qu'elles ne font guére moins
claires que fi elles étoient tout à fait ouvertes; ces fenêtres font
moitié quarrées oblongues, mais d'un quarré dont les extrémitez font une efpéce de Croiffant, qui femble vouloir embraffer
l'ovale voifin, ce qui produit un effet très agréable à la vuë.

Cette Galerie eft toute tapiffée des plus belles Eftampes
de l'Europe, ramaffées avec un choix très judicieux, & il n'y
a point d'endroit au monde, où l'on puiffe s'amufer plus agréa-
blement & plus utilement.

M 3   TI-

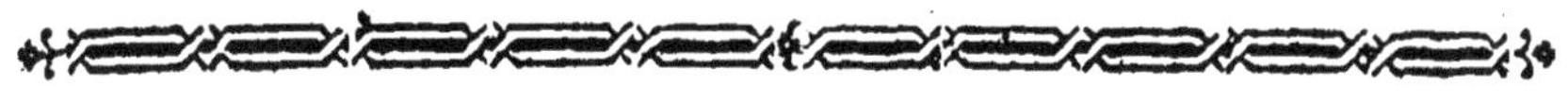

TIVOLI,

Et tout ce qui se trouve de plus beau aux environs,

Tant pour l'Antique, que pour le Moderne.

ON ne connoît point ce qu'il y a de plus beau à Tivoli quand on est seulement entré dans la Ville, & qu'on n'a vû que la fameuse Cascade que le Téveron fait au Pont, quoi que presque tous les Etrangers ne voyent pas autre chose lors qu'ils y vont.

Pour voir les plus grandes beautez de ce lieu si vanté par les Anciens; il faut le regarder de l'endroit où est bâti le Couvent des Religieux Franciscains du Tiers Ordre, entre lequel & Tivoli, est la Valée où coule le Téveron.

Là, vous avez, devant vous la Ville de Tivoli située sur un amas de petites Collines qui s'élévent en amphithéatre: A vôtre gauche, vous voyez le Téveron, se précipitant du haut des montagnes de la Sabine, entrer dans un Gouffre où il se perd, & à quelques pas de là, sortir d'une grande Caverne, où il se brise avec tant de violence sur les Rochers dont elle est pleine, que son eau éparpillée en un million de goutes, ne paroît plus que comme une fumée très agitée; tellement que la bouche fumante de cette Caverne ressemble plûtôt à une Fournaise enflammée, qu'à une Grotte pleine d'eau. Le Téveron se perdant encore là sous les Rochers, en sort un moment après impétueux & rapide; & bondissant par un Canal tortueux, passe comme un Torrent dans la Valée, au bout de laquelle il devient,

tout

tout d'un coup, Riviére paisible & tranquille, & coule ainsi dans la plaine qu'on voit à la droite.

La gauche est un Théatre assez serré de montagnes qui s'élevent jusqu'au Ciel; & qui allant toujours en s'élargissant le long de la Valée, s'ouvrent enfin tout à fait sur la droite, où l'on découvre toute la Campagne de Rome jusqu'à la Mer, c'est à dire une plaine d'une étenduë immense avec un horizon à perte de vuë.

Voilà ce qu'on voit à droite & à gauche : Et devant soi l'on a un Coteau admirable, du flanc duquel, ce qu'on a détourné de l'eau du Téveron pour les maisons de plaisance de la Ville, sort comme par une infinité de Crevasses, faisant mille bonds & mille cascades, dont les eaux retombent dans le bas de la Valée, & rejoignent le Téveron, duquel elles avoient été séparées.

Ce Coteau est tout couvert de verdure; mais d'une verdure diversifiée de cent sortes de verds differents les uns des autres, verd de vigne, verd de pré, verd d'olivier, verd de bruyére, les autres plus clairs, qui comme autant de Compartimens, font de cet endroit, une Scêne d'une décoration charmante : Et tout cela semble un Théatre fait exprès pour mettre, dans un agréable point de vuë, la Ville de Tivoli qui est dessus; & derriére laquelle on voit encore un amas de petites montagnes élevées les unes sur les autres, & toutes chargées d'arbres verds, lesquelles font comme le couronnement de cette Ville.

Toutes les beautez de la nature semblent avoir été remassées & réünies en cet endroit. On y voit du champêtre, du cultivé; un desert, des habitations; des Torrens rapides, une Riviére tranquille; des lieux escarpez & affreux, des collines d'une pente douce & facile; des Rochers stériles & secs, une Valée humide

mide & fertile; des montagnes, une plaine, une Ville, un Coteau délicieux tout couvert de cascades, dont les eaux d'argent font un effet admirable en se mêlant à la couleur d'une infinité de Tapis jaunes & verds qu'elles coupent avec un agrément égal; tellement qu'il est constamment vrai que nul Peintre n'a jamais fait aucun Paysage de pure imagination qui fût aussi beau que celui ci l'est réellement.

Pour comble de délices, le lieu d'où l'on contemple toutes ces beautez, est couvert de Thym, de Menthe, de Baume, de Genets, de Romarins, & de cent autres sortes de Plantes & d'Herbes odoriferentes, qui non seulement parfument l'air d'odeurs enchantées, mais encore le rendent si salutaire, que, dès qu'on commence à le respirer, l'estomac en ressent aussitôt la vertu, & s'en trouve tout d'un coup comme fortifié.

Il ne faut pas s'étonner, après cela, si les anciens Romains ont tant vanté la salubrité de cet air, qu'ils croyoient tellement propre à conserver la santé & à faire durer la vie, que cette Sentence étoit commune parmi eux : †*Quand nôtre heure est venuë, on meurt partout, même à Tivoli.*

Mais, pour joüir des agremens de ce lieu tant célébré, il faut être, comme je l'ai déja dit, sur le Coteau où est situé aujourd'hui le Couvent des Franciscains du Tiers Ordre : Aussi Horace & Catule, qui avoient un goût exquis pour les choses délicieuses, avoient-ils choisi cet endroit pour la situation de leur maison de plaisance, & c'étoit-là qu'elles étoient placées.

LA

---

† *Nullo fata loco possis excludere: cum mors venerit, in medio Tibure Sardinia* est.*

Mart. Epig. l. 4.

* Isle dont l'air est le plus mal sain du monde.

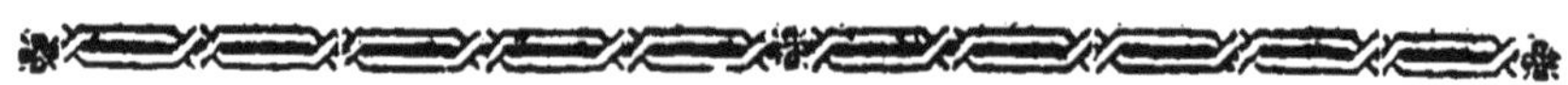

LA MAISON DE PLAISANCE DE L'EM-PEREUR ADRIEN,

nommée vulgairement

La Villa Hadriani.

CET Empereur étoit également savant & voluptueux, docte & sensuel, d'une érudition universelle, d'un goût exquis pour les plaisirs , habile, curieux, délicat, & poli; il étoit Philosophe & Poëte, & son esprit étoit enrichi de toutes les lumiéres que donne la science des belles Lettres.

Il avoit voyagé dans toutes les Parties de la Terre qui étoient connues de son tems; & s'étant enfin résolu à fixer sa demeure à Rome & à passer le reste de sa vie dans la Maison de plaisance qu'il avoit à Tivoli, il se proposa d'y réünir tout ce qu'il avoit vû de plus beau dans la Gréce, dans l'Egipte, dans l'Asie, & dans tous les autres Pays où il avoit voyagé, afin de n'avoir rien à regretter de tous les autres endroits du monde où il ne vouloit plus aller.

La situation de cette Maison de plaisance étoit tout à fait favorable pour cette grande entreprise, car c'est l'endroit le plus uni & de la plus grande étendue qui se trouve parmi les Côteaux qui sont à la chutte des montagnes de Tivoli; de sorte qu'on y pouvoit construire commodément toutes les sortes d'édifices qu'il avoit dessein d'y rassembler.

Ce fut donc là qu'outre son Palais vaste & magnifique, des appartemens pour toute sa Cour, des logemens pour ses Gardes, des Ecuries, des Manéges, des Cours, il fit faire un Cirque

N

pour

pour les Courſes, une Naumachie pour les Batailles Navales, un Théatre pour les ſpeƈtacles, un Amphitéatre pour les Combats des Athlétes; des Bains chauds & froids; des lieux Plantés pour ſe promener à l'ombre quand il faiſoit Soleil; des Portiques pour ſe promener à l'ombre quand il faiſoit Soleil; des Portiques pour ſe promener à couvert durant la pluye; des Bois pour la Chaſſe; des Lacs pour la pêche; un Serrail pour lui, des lieux de plaiſir pour les autres; des endroits pour ſacrifier aux Dieux, d'autres pour travailler & pour étudier: des Temples, des Bibliothéques, des Bosquets, des Grottes, des Fontaines; un Lycée, un Prytanée & une Academie, comme on les voyoit à Athênes; une Valée délicieuſe toute ſemblable à la fameuſe *Tempé* en Theſſalie; des Champs Elyſées même; & généralement toutes ſortes de lieux agréables & commodes pour l'étude, pour le plaiſir, & pour toutes ſortes d'exercices. Tout cela bâti d'une ſolidité ſurprenante, & enrichi d'ornemens ſi magnifiques, que les ſeuls reſtes de ce vaſte & ſuperbe amas d'édifices donnent une plus grande idee de la magnificence Romaine, que tout ce qu'on voit dans le reſte du Monde.

C'étoit-là où cet Empereur travailloit avec ſes Miniſtres, philoſophoit avec d'habiles gens, *& ſe plongeoit dans toutes ſortes de voluptés avec ſes Maîtreſſes: Il croyoit y fixer ſes jours; mais ayant été attaqué d'une maladie incurable, ſes Médecins lui conſeillérent de changer d'air & d'aller à Baïes dans la Campanie, où, déſeſpérant de recouvrer ſa premiére ſanté, il ſe laiſſa mourir.

Les Empereurs ſes Succeſſeurs dépouillérent ſa belle maiſon des Statues, des Colomnes, des Jaſpes & des Agathes dont elle

étoit

*Epiƈtéte Philoſophe Stoïcien; & Numénius Philoſophe Platonicien, qu'il avoit fait venir à Rome.

étoit enrichie, pour en faire l'ornement de leurs Palais & de leurs Thermes: Cependant on y voit encore des Galeries magnifiques, & des Sallons d'une grandeur & d'une hauteur étonnantes tout incruſtés de Stuc auſſi blanc que s'il venoit dy être appliqué, avec des Médaillons & des Compartimens admirables.

Mais ce qui épouvante, c'eſt l'épaiſſeur & la ſolidité des murailles & des voûtes, car on ne ſauroit concevoir comment un ſeul & même homme a eû le tems de faire conſtruire une ſi prodigieuſe quantité de bâtimens ſi ſolides & ſi épais; ſi ce n'eſt qu'on faſſe réflection que les Empereurs Romains avoient des milliers d'Eſclaves, qui ne leur coûtoient que la nourriture, & qu'on faiſoit travailler à force de coups, avec du pain & de l'eau; car alors on comprendra comment les anciens Romains ont pû, en ſi peu de tems, faire faire leurs Thermes, leurs grands Chemins, & tous ces autres Ouvrages étonnants dont on n'oſe même former l'entrepriſe dans nôtre ſiécle.

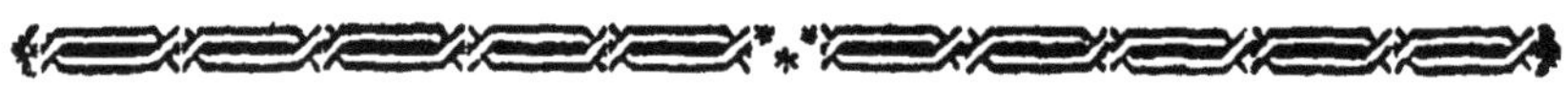

LA CASCADE,

Laquelle ſe voit au Pont.

LA plus grande beauté de cette Caſcade, eſt la chutte du Téveron, dont toutes les eaux tombent, de ſon lit, dans un gouffre, par une ſeule Nape très large, la plus reguliére & la plus parfaite qu'on ait jamais vuë: Car, pour les boüillons & le briſement de l'eau ſur les Rochers où elle tombe, la Caſcade de Terni*, qui tombe de beaucoup plus haut, l'emporte

N 2

te

* à 45 milles de Rome, dans l'Ombrie.

te infinement fur celle-ci, & a quelque chofe de bien plus effro-
yablement beau.

LA MAISON DE PLAISANCE DE MECENAS.

IL n'y avoit rien de plus beau, pour la fituation, que la
Maifon de Plaifance de Mécénas, dont on voit encore les
fuperbes reftes; elle étoit fituée fur le premier Coteau qui
fait face à la plaine, & qui fe préfente à la vuë en venant de Rome à Tivoli: Là, élevée fur de hautes Terraffes voûtées & à
plufieurs étages l'un fur l'autre, elle dominoit toute la plaine; &
on y découvroit, avec une vuë libre de tous côtés, une étenduë immenfe de la Campagne de Rome. Cela fe voit manifeftement,
par les voûtes des Terraffes, & par celles de la Maifon, qui fub-
fiftent encore aujourd'hui.

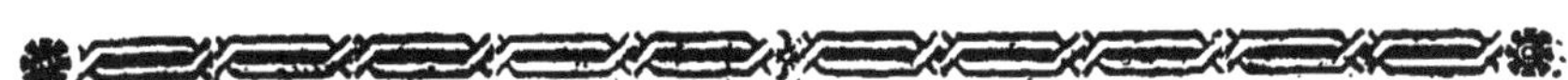

DESCENTE DE CROIX,

Tableau qui fe voit dans l'Eglife de la Trini-té du Mont.

Par Daniel Ricciarelli, natif de Volterre en Tofcane.

CE Tableau eft un des trois que le Pouffin trouvoit les
plus beaux de Rome; favoir la Transfiguration de Raphaël d'Urbin, à S. Pierre *Montorio*; le S. Jerôme du
Domi-

Dominiquin, à S. Jerôme de la Charité; & celui - ci, qui se voit aux Minimes de la Trinité du Mont.

C'est un de ces Chef-d'œuvres de Peinture, dont la beauté frappe les esprits même les plus grossiers: Mais ce Tableau a ceci par-dessus les autres Tableaux, qu'il ne paroît point en être un; car c'est une Fresque peinte sur l'Autel d'une Chapelle, & qui occupe une muraille entiére; le Mont-Calvaire en est le terrain, qui est de niveau à l'Autel; le Crucifix est élevé sur cette Montagne, & il n'y a rien autre chose, au delà de la Croix, qu'un grand Ciel; tellement que n'y ayant point d'ombres, comme aux autres ouvrages de Peinture, qui sassent le fond du Tableau, il ne semble pas que c'en soit un. Au contraire, on s'imagine, en le regardant, qu'on est mêlé avec les Personnages qui le composent; on croit être sur la même terre, & sous le même ciel.

La Magdeleine & les Maries qui s'empressent auprès de la Sainte Vierge, se baissant pour la soulager, paroissent être tout à fait hors de la muraille; on croit les entendre parler, les voir agir, se mouvoir, s'avancer; on croit avoir la Vierge à ses pieds, aussi - bien qu'elles; il semble qu'elle soit entre ces femmes & nous, & que nous ne fassions, tous ensemble, qu'un même Groupe de personnes vivantes, occupées de la même action, & remplies des mêmes pensées à la vuë du même objet; car le Peintre a si bien disposé toutes ces figures, qu'il faut que ceux qui regardent son Ouvrage s'imaginent en faire eux-mêmes une partie, qu'ils s'intéressent à l'action, qu'ils en prennent les sentimens, enfin qu'ils achévent le Tableau joints aux autres Personnages qui y sont.

Il y auroit cent chofes différentes à admirer dans les diverfes actions des Bourreaux; mais celle de celui qui eft fur le haut de la Croix, & qui laiffe aller le Corps de Jesus-Christ dans les bras d'un de fes Camarades qui eft au deffous pour le recevoir, eft incomparable: Il femble qu'il lui dife de le bien foutenir, & que pour lui il ne le tient plus; ce Bourreau allonge feulement fa main depuis le haut de la Croix jufqu'à un des bras de Jesus-Christ; & fi ce Tableau étoit l'Ouvrage d'un Peintre ordinaire, on ne fauroit fi ce Juif avance le bras pour prendre celui de Jesus-Christ, ou s'il le retire, en le lâchant; mais ici, cette action n'eft nullement douteufe; & l'on voit fenfiblement que cet homme le lache, & qu'il recommande à fon Camarade de le bien tenir,

Le Coloris de ce Tableau eft une des plus belles chofes qu'on fauroit voir; les habits de la Magdeleine & ceux des Maries charment les yeux; la Cérufe, la Laque, & l'Outremer y forment un mélange de Couleurs également vives & douces, dont la variété a quelque chofe qui enchante; & tout cet Ouvrage, quoi qu'à Frefque, eft auffi doux & auffi lêché, que les plus beaux Tableaux peint à l'huile.

LA

LA TRINITÉ.

Tableau qui se voit dans l'Eglise de la Trinité des Pellerins.

PAR LE GUIDE.

IL n'y a point d'ouvrage de Peinture à Rome, qui, du premier aspect, surprenne autant que celui-ci. On y voit un CHRIST en Croîx, qui seul suffiroit pour remplir la toile d'un grand Tableau, comme font tous les autres CHRIST; mais celui-ci n'occupe que la moitié de la toile; & l'autre moitié, qui est la supérieure, est remplie par le Pére Eternel, qui est encore plus grand que le CHRIST.

Le pied de la Croix est sur le Calvaire, & le haut atteignant aux nuées, on découvre, entre ses deux extrémités, tout l'espace de ce grand Univers qui finit où commencent les Cieux ouverts, qui font d'une étenduë encore beaucoup plus vaste; si bien qu'on voit, à la fois, le Ciel & la Terre avec ce qu'ils ont jamais eû de plus précieux, dans un même Tableau: spectacle aussi grand & magnifique, que sacré & divin!

Le Corps du CHRIST est un des plus beaux corps d'homme & des plus parfaits qui ayent jamais été peints; il a cette tendresse de chairs admirable que le Guide a sû mieux donner que personne à tous les corps qu'il a faits; & je ne sache que le CHRIST de la Nôtre Dame de Pitié du Carache à S. François de Ripe, qu'on puisse comparer à celui-ci.

Mais, qui pourroit par des paroles, décrire l'expression qu'il a donnée au Pére Eternel? C'est un Abyme infini de lu-

miére

miére & un Océan immenfe de Grandeur, d'où la Majefté fe dé-
borde, pour ainfi dire, de tous côtés, comme par torrens;
cependant, du fein même de cette Majefté terrible, fortent je
ne fai quelles effufions de bonté qui la tempérent; on craint,
& on fe raffure ; on tremble, on adore, & on s'abandonne
enfin aux divers fentimens de vénération & d'amour, de frayeur
& de confiance, dont on fe fent pénétré à la vuë de ce Tableau.

Je ne dis rien du Saint Efprit ; car le Guide affujetti par
l'Image commune fous laquelle on l'a toujours repréfenté, n'a
pas eu la liberté de déployer la beauté de fon genie dans l'expreffion d'une figure fi fimple ; néanmoins, quand on la confidére jointe aux deux autres, il femble qu'on foit effectivement
en préfence de la facrée Trinité; & que, par cette Image fenfible, elle devienne une chofe qui tombe véritablement fous les
fens de l'homme.

Les deux Anges à genoux au pied du Crucifix, font dans
l'attitude d'un refpect fi profond, qu'ils paroiffent abymés dans
le Néant; & leur adoration muette fair fentir la grandeur inef-
fable du Myftére que ce Tableau repréfente : Oui, il femble que
la Génération du Verbe & la Proceffion du Saint-Efprit fe paf-
fent à la vuë de ceux qui regardent cet Ouvrage; que le défaut
de la parole qui manque aux Peintures, foit le filence adorable que
demande l'opération de ce grand Myftére; & que l'ame tranf-
portée, par les yeux dans la Gloire, le voye opérer en fa préfence. Quel génie que celui d'un homme qui fait faire entrer
dans l'efprit une chofe fi fublime & fi incompréhenfible, par l'i-
mage groffiére des figures & des couleurs !

Au refte cet Ouvrage fuffit pour faire voir que; fi le Guide a fait peu de grandes compofitions dans fes autres Tableaux,
ce n'a pas été manque de fertilité & de génie; que perfonne n'a

mieux

mieux fû que lui en retrancher les minuties qui partagent mal à
propos la vuë; & que, si ses Maîtres ne lui ont pas appris la
pratique du Clair-obscur par régles & par principes, il l'a pourtant executée par la grandeur de son goût, aussi bien que s'il en
avoit eû la plus parfaite intelligence.

La Draperie volante du Pére Eternel donne une vie & un
mouvement admirable à cette figure: Celles des deux Anges font
merveilleuses; & puisque les plus grands Peintres conviennent
qu'elles font beaucoup plus difficiles à faire que le nud même, à
quel rang ne doit-on pas élever le Guide qui, du consentement
général de tous les Connoisseurs, a passé tous les autres, en cette
partie de la Peinture?

En effet, qu'on examine celles de son S. Michel, *a* de sa Sybille, *b* de sa Lucréce, *c* de ses Magdeleines, *d* de ses Vierges, *e* &
toutes les autres qui forment des habillemens si aisez, si commodes, &, en même tems, si agréables & si nobles; dont les plis
faciles & libres, quoique majestueux & amples, flatent le nud
avec délicatesse, le caressent, pour ainsi dire, par leur mollesse
& par leurs tendres sinuosités; &, en le couvrant sans s'y coler
ni le trop serrer, marquent si bien la forme du corps, ne lais-
sant aucune équivoque des membres avec les vêtemens: Qu'on
examine bien, dis-je toutes ces draperies; & je mets en fait que
tout le monde avouëra que nul Peintre n'en a si bien entendu
que lui les divers accommodemens, n'en a plus noblement habillé les femmes; & ne s'en est plus ingénieusement servi, tant pour
remplir les vuides, que pour grouper les lumiéres de ses Ta-

O

bleaux,

a Aux Capucins de *Capole Caſe*. *b* Au Palais Chigi devant l'Eglise des
SS Apôtres. *c* Au Palais Bolbi à Génes. *d* Au Palais Barberin; & à
celui de Dom Augustin Chigi, Place Colomne. *e* A Sainte Marie Ma-
jeure; au Palais Pamphile; & au Palais Barberin.

bleaux, & les membres de ſes figures quand elles étoient ſeules.

OUVRAGES DE PEINTURE

QUI SE VOYENT AU PALAIS DU VATICAN.

BATAILLE DE CONSTANTIN CONTRE MAXENCE,

Laquelle ſe voit dans la Salle de Conſtantin.

Par Raphaël d'Urbin.

IL ne faut qu'ouvrir les yeux pour être charmé de cette fameuſe Bataille qui a été deſſinée par le grand Raphaël d'Urbin, & peinte par le célébre Jules Romain le plus illuſtre de
ſes Eléves; & comme c'eſt le plus magnifique morceau de Freſ-
que qui ſoit au monde; c'eſt auſſi, au jugement des meilleurs
Connoiſſeurs, le plus excellent & le plus parfait.

C'eſt la plus grande étenduë de Terrain dont on ait formé
le deſſein dans aucun Tableau, & en même tems, la plus variée
& la plus agréable; c'eſt la plus nombreuſe Armée, la plus belle Ordonnance de bataille, & le plus vaſte Champ qui ayent jamais été peints; c'eſt une multiplicité de Figures infinie, ſans
qu'il y ait rien de confus; une quantité prodigieuſe de Combats
particuliers, ſans qu'il y ait rien de répété; un nombre innom-
brable

brable de Gens qui combattent ou à pied ou à cheval, fur la terre ou dans l'eau, avec des Attitudes toutes différentes; mille Groupes d.ſtribués| avec un ordre admirable, dont toutes les expreſſions ſont diverſifiées avec une fécondité de génie étonnante; un Lointain d'une eſpace immenſe avec des dégradations de couleur, d'ombres & de lumiéres, qui effacent peu à peu les objets à proportion qu'ils ſont éloignés ; une douceur de Peinture où la Freſque ne le céde point à l'huile; un Coloris qui enchante.

J'aurois bien du plaiſir à m'abandonner, ici, à la tentation qui me prend d'entrer dans le détail de ce grand Ouvrage, quelque perſuadé que je ſois que cette entrepriſe eſt fort au deſſus de mes forces; de décrire toutes les différentes ſortes d'armes offenſives & défenſives de tant de diverſes Nations qui ſe voyent dans l'Armée de Conſtantin & dans celle de Maxence; car les Soldats y ſont différemment armés de piques, de lances, de javelots, d'arcs, de fléches, de dards, de ſabres, d'épées, de poignards, chacun ſelon l'uſage de ſon Pays, & conformément à ſon Emploi.

Combien de ſortes d'Ecus? de longs, de ronds, d'échancrés, de plats, de convexes; les uns faits en cœur, les autres en ovale ; ceux-ci en cartouches, ceux-là en une infinité d'autres figures antiques auxquelles on ne ſauroit trouver de nom?

Combien de ſortes de Corſelets faits les uns de petites mailles, les autres en façon de petites écailles; d'autres enfin de fer, d'airain, de cuir, ou de corne ?

Quelle variété dans les ornemens des Caſques où l'on voit des criniéres, des pennaches, des aigrettes des bouquets de plumes, des crêtes, des feüillages, des dragons, des ſphynx, des mufles, des maſques, & cent ſortes de groteſques.

Combien de différentes Enſeignes outre le fameux *Laba-*

rum *? des Aigles, des Dragons, des Mains de Juſtice, des Images du Soleil, de la Lune, du Prince ?

Combien de diverſes eſpéces de Trompettes, les unes toutes droites, les autres courbées preſque comme un Cor de Chaſſe ? Car jamais aucun Peintre, excepté le Pouſſin, n'a fait paroître une ſi ſavante & ſi judicieuſe obſervation de cette partie de la Peinture qu'on nomme le Coſtume, que Raphaël l'a fait en toutes ces choſes.

Mais le détail de ce qu'il y a de ſingulier dans cet Ouvrage immenſe me méneroit à l'infini; c'eſt pourquoi je me contenterai de dire en général que tout y eſt animé, tout y vit, tout y marche, tout y agit, tout y combat, mais avec un feu & une chaleur qui émeut & qui échauffe même les ſpectateurs à qui il eſt impoſſible de regarder, de ſang froid, tant d'actions ſi vives, & une bataille ſi chaude; qu'on y voit les lances briſées, les épées rompuës, les plaies ouvertes, le ſang répandu, le déſéſpoir, la rage, & la mort ſous toutes les différentes formes où elle peut ſe préſenter aux hommes dans les batailles les plus furieuſes & dans les combats les plus acharnés; que Conſtantin y paroît avec un air de grandeur digne du plus grand Conquérant de la Terre; & qu'enfin Raphaël a ſû donner tant de vie & de mouvement à ſes figures par le moyen des Enſeignes volantes, des Trompettes levées en l'air, des Lances & des Epées qui ſe croiſent par-tout, qu'il n'y a preſque point d'ouvrage de ce caractére qui ne paroiſſe froid, ſi on le compare à celui-ci.

LE

---

* Enſeigne particuliére de l'Empereur en forme de Banniére, laquelle ne paroiſſoit que quand il étoit dans le Camp: Elle étoit de couleur de pourpre. Conſtantin avoit fait mettre une croix au deſſus, auſſi bien qu'au deſſus des Aigles Romaines, & de toutes les autres ſortes d'Enſeignes qui ſe voyent dans ſon Armée.

✳✳✳✳✳✳✳✳✳✳✳✳✳✳✳✳✳✳✳✳✳✳✳✳✳✳✳

LE JUGEMENT DERNIER

ET

LES AUTRES PEINTURES

qui se voyent dans la Chapelle de Sixte.

Par Michel-Ange Buonarotti.

ON ne peut voir le Jugement de Michel-Ange & les autres choses qu'il a peintes dans cette grande Chapelle, que frappé des puissantes Expressions de ce Peintre, on ne juge aussi-tôt que personne ne l'a jamais égalé pour la force du Dessein.

Ce sont tous corps nerveux, musculeux, & dans des Attitudes qui ne contribuent pas moins à en faire voir la vigueur & la force, que les nerfs mêmes & les muscles: Cette force est exprimée avec tant d'énergie, que quoique ce ne soient que des corps d'une grandeur naturelle, on s'imagine voir autant de Géans qu'il y a d'hommes.

D'autre part, l'élévation des pensées; la noblesse de figures; ces airs de tête si beaux & si fiers; ce goût de dessein si grand, si sévére, si terrible; l'Equilibre & la Pondération des corps si bien mis dans une position ferme sur leur plan & sur leur centre de gravité; leurs Muscles s'allongeant par l'extension de quelques membres, ou se renflant lors qu'un mouvement contraire les fait racourcir, plus marqués, plus ressentis & plus

O 3

arti-

articulés, à proportion des efforts que font les différentes parties de ces corps; l'origine, l'infertion., l'action & tout ce qui regarde la liaifon, le mouvement & les offices de ces mufcles, la divifion des veines ; l'emmanchement des membres; l'emboiture des os; cette profonde connoiffance de l'Anatomie, & toutes ces grandes parties que Michel-Ange a poffedées dans un fi haut degré, font ici portées à un tel point de perfection, que les feuls ouvrages de cette Chapelle feront, tant qu'ils fubfifteront, une fource inépuifable de découvertes pour ceux qui voudront approfondir l'Art de la Peinture; & que, fi la fcience du Deffein venoit à périr dans le refte du Monde., on la retrouveroit ici toute entiére dans la multiplicité prefque infinie de poftures & d'attitudes où cet excellent Peintre a mis le corps humain.

Il femble que je ne devrois rien dire du Jugement dernier, les Eftampes qu'on en a faites étant répanduës par toute la Terre; mais il s'en faut bien qu'elles en donnent une idée jufte, & qu'on fache ce que c'eft que cet ouvrage, quand on les a vuës: les plus grandes de ces Eftampes font, tout au plus, de trois ou quatre feüilles de papier & il y a des corps d'homme qui feuls font plus grands que cela.   Cet Ouvrage remplit toute une muraille large de quarante ou cinquante pieds, & haute comme la voûte d'une affez grande Eglife; Auffi la vuë de ce morceau de Peinture en donne une idée fi différente de celle qu'en donnent les Eftampes, que quoiqu'on les ait euës devant les yeux toute fa vie, on eft furpris & étonné, en voyant l'Original, comme de la chofe la plus nouvelle du monde.

J'ajouterai à cela une beauté de cet Ouvrage, de laquelle les Eftampes ne fauroient donner aucune idée ; c'eft le Coloris du jour qui repréfente la lumiére du Monde après fa deftruction, ce qui ne peut en aucune maniére paroître sur une Estampe où il n'y a que du blanc & du noir; cependant c'est une des plus grandes beautés de ce Chef-d'œuvre de Peinture ; c'est une des choses qui y sont exprimées avec le plus d'art, & qui frappent le plus.

Cette lumiére que Michel Ange suppose devoir rester sur la terre après la déstruction du Soleil & des Astres, ne ressemble en rien à celle de nos jours, ni à celle de nos nuits, à la lumiére du Soleil, ni à celle de la Lune; mais c'est je ne sai quel mélange demi-clair, demi-obscur, de blanc & de bleu, dont je ne saurois donner d'idée, qu'en disant que c'est quelque chose d'approchant de l'état où est l'air durant une Eclypse de Soleil ou de Lune; en quoi le génie de Michel-Ange est admirable: Car, comme le Soleil s'éteindra à la fin du monde, & que néanmoins il faudra qu'il y ait quelque reste de lumiére sur la terre qui puisse faire discerner les corps, Michel-Ange ne pouvoit jamais mieux faire pour représenter cette lumiére, que de la peindre semblable à celle qu'on voit quand le Soleil ou la Lune sont éclypsés, car il est constant qu'il y en a encore dans l'air après les Eclypses : Mais c'est une lumiére sombre & éteinte, qui ne peut tout au plus servir qu'à faire distinguer les diverses figures des corps, sans en faire voir les différentes couleurs; & qui teint meme tous les objets, de sa propre couleur pâle & plombée; & c'est justement cette teinte, & cette lumiére bleüâtre & pâle que Michel-Ange a choisie, pour faire voir les corps qui seront sur la surface de la terre au jour du Jugement dernier.

Quand on voit, à Rome, les grands & les magnifiques ouvrages d'Architecture de Michel-Ange, ses excellens morceaux de Sculpture, & quelques petits Tableaux de sa façon qui

se

se trouvent dans les Cabinets des Curieux, on reconnoît bien qu'il a été le plus grand Architecte & le plus habile Sculpteur des derniers siécles; mais on ne croit pas qu'il eût été un des premiers Peintres du Monde: Cependant, qu'on vienne voir cette Chapelle; & assurément l'on doutera si Raphaël d'Urbin même, si le grand Raphaël a été plus grand Peintre que lui.

OUVRAGES DE SCULPTURE

QUI SONT DANS LE MEME PALAIS.

L'ANTINOÜS ET L'APOLLON,

Statues antiques

Qui se voyent dans la Cour de Belvédére.

J e joins ces deux Statues dans la même description, parce que l'Antinoüs & l'Apollon y sont représentés à peu près de même âge, & que ce sont deux des plus beaux corps d'homme qui ayent jamais été faits; mais l'air que les Sculpteurs leur ont donné est si différent, que quoique l'Antinoüs soit peut-être le plus régulier, l'Apollon paroîtra toujours un Dieu, en comparaison de lui, par l'air majestueux & divin que le Statuaire a sû lui donner ; car il est vrai que, quelque idée
                                                                qu'on

qu'on ait de la perfection de la Sculpture, quelques Chef-d'œuvres qu'on ait vûs dans cet Art, à quoi qu'on s'attende après avoir oüi le plus vanter cette Statue, on est encore toujours surpris quand on la voit pour la premiére fois, & on n'est plus étonné que les Payens ayent adoré ces sortes d'Images en qui tout le monde trouve tant de caractéres qui paroissent avoir quelque chose véritablement au dessus de l'humanité; c'est une beauté pleine de traits sensiblement divins, qui charme les hommes tout autant que les femmes mêmes.

C'est, à la vérité, un corps humain, mais on voit bien qu'il n'y a point d'homme si bien fait que celui-ci, & qu'il n'y en eut jamais; & on demeure persuadé que si les Dieux sont corporels, ils sont assurément faits comme l'Apollon, non seulement pour les proportions du corps si justes & si réguliéres, mais encore plus pour l'attitude & pour l'air de toute la personne; car on ne vit jamais à aucun homme, à aucun Héros, un air si noble & si grand que celui que le Sculpteur a donné à cette incomparable Statue.

L'Antinoüs est pour le moins aussi bien proportionné, & c'est peut-être un corps d'homme encore plus parfait que celui de l'Apollon; mais, avec cela, il n'a rien que de naturel & d'humain; c'est le plus beau jeune homme du monde, mais ce n'est qu'un homme; au lieu que l'Apollon, par son air de grandeur, vous enléve, vous pénétre, & vous fait sentir les traits & les éclats d'une majesté plus qu'humaine qu'il répand, pour ainsi dire, tout autour de lui.

Quel génie que celui de ces anciens Sculpteurs, qui, par l'air qu'ils savoient donner à une Statue, y faisoient reconnoître, selon qu'ils le vouloient, un Homme, un Héros, un demi Dieu, un Dieu!

P   L'An-

L'Antinoüs, avec le plus beau corps du monde, ne paroît toujours qu'un homme : & l'Apollon, avec un corps moins réguliérement bien fait, paroîtra toujours un Dieu, le Dieu de l'Antinoüs même! Sa taille, son port, son air, son attitude en font quelque chose de si divinement beau, que tout céde à ce spectacle, jusqu'à l'idée même que chacun a de la beauté: idée qui est si parfaite dans l'imagination de tous les hommes, & qui les rend si délicats & si difficiles! Qu'on aille voir l'Apollon, & l'on avoüera que, par toutes les idées qu'on s'est fait de la beauté d'un homme la plus parfaite, on ne s'est jamais rien figuré de si beau que ce qu'on voit en regardant cet Ouvrage.

Que les femmes viennent le voir, & quelles disent si elles ne croyent pas envisager véritablement un Dieu; & si toutes les images qu'elles se font jamais formées de la beauté des hommes ne font pas fort au dessous de celle que leur présente cette Statue.

On seroit infini si on vouloit entrer dans le détail des différentes parties du corps; en qui on trouveroit mille beautés exquises, à les examiner chacune en particulier.

Quelle beauté : par exemple, que celle de la main de cet Apollon? qui est-ce qui s'est jamais imaginé que la main d'un homme pût être si belle ? Y a-t-il quelqu'un qui ait jamais eû dans l'esprit l'idée de cette sorte de beauté? La plus belle femme du monde a-t-elle jamais eû une aussi belle main? Ce n'est pourtant point une main de femme à qui on peut donner tant de délicatesse qu'on veut; c'est une main & des doigts véritablement d'homme par leur figure, & par leur grosseur: cependant on ne vit jamais rien de si beau, & il n'y a personne qui n'en soit enchanté.

Je

Je ne dis rien de la légéreté de cette Statue qui femble nager dans les airs, & ne tenir aucunement à la terre; je n'entre dans aucun de ces détails où il y auroit des beautés infinies à admirer, parce que l'air du Dieu eft fi grand, & faifit tellement l'imagination & l'efprit, qu'on ne fauroit plus ni voir ni envifager autre chofe dans cette Figure.

LE LAOCOON ET SES ENFANS,

Groupe antique

Qui fe voit dans la même Cour du Jardin de Belvédére.

Par Agéfander, Polydore, & Athénodore, natifs de l'Isle de Rhodes.

CE Groupe a toujours paffé, dans les fiécles mêmes les plus floriffans de la Sculpture, pour un Chef-d'œuvre de l'Art, comme nous l'apprenons des Anciens * qui l'ont vû lors qu'il faifoit un des principaux ornemens des Bains de Titus Empereur Romain. Laocoon ** ce fameux Prêtre

P 2

d'A-

---

* *Laocoon, qui eft in Titi Imperatoris domo, opus omnibus & Pictura & Statuariæ Artis præferendum, fecêre fummi Artifices Agefander, Polydorus, & Athenodorus Rodii.* C. Plinii Secundi Nat. Hift. l. 35.

** Il étoit fils de Priam & d'Hécube, & Prêtre d'Apollon. Il diffuada les Troyens de recevoir le Cheval de bois que les Grecs feignoient avoir con-
facré

d'Apollon y eſt repréſenté avec ſes deux fils à ſes côtés, tous trois entortillés par un Serpent affreux qui fait pluſieurs cercles de ſon corps autour du leur.

C'eſt déja un coup de Maître au Sculpteur, que d'avoir tiré, du même bloc de marbre, trois Statues qui ſont ſi bien détachées l'une de l'autre, & dont l'attitude eſt ſi différente; mais d'avoir ſû, en détachant ces figures, conſerver & pratiquer, dans le marbre, un Serpent dont il faut que le corps ſe trouve dans les eſpaces vuides qui ſont entre les trois Statues où il fait pluſieurs plis & replis, & où il va, de l'un à l'autre, ceindre & environner le corps du pére & celui des enfans qu'il entortille tous enſemble; quel art! quelle induſtrie!

C'eſt encore l'ouvrage d'une main bien ſavante, que la force que le Sculpteur a ſû donner à ce Serpent qui ſerre ſi vigoureuſement ces trois hommes, qu'on voit bien qu'ils ne ſe débarraſſeront jamais de ſes entortillemens, avec tous leurs efforts.

La violence de ces efforts & celle de la douleur que ſouffre le Laocoon, paroiſſent dans tout ſon corps juſqu'à l'extrémité des pieds dont les doigts ſe retirent avec contraction; & elles font tellement enfler tous ſes muſcles, qu'ils ſemblent aller ſortir de la chair. La Contorſion de tous ſes membres eſt une attitude merveilleuſe qui, met dans tout leur jour, toutes les parties de ce corps qui eſt peut-être le plus parfait qui nous ſoit reſté de l'Antiquité.

Mais la douleur, les efforts, & le déſeſpoir de Laocoon paroiſſent encore bien mieux dans ſon air; ſon viſage eſt tout compoſé de froncemens, il n'y a pas la largeur d'un travers de doigt

ſacré à Minerve. C'eſt pour cela qu'on dit qu'un ſerpent l'étrangle avec ſes deux fils. *Virgil. Aeneïd. l. 2.*

doigt de chair unie, toutes les parties différentes font également plis, on n'y voit point autre chose, mais des plis contournés & arrangés felon tous les mouvemens que les mufcles donnent à la peau du vifage d'un homme qui fouffre la douleur la plus défefpérante : Et quoique toute la Figure foit du même marbre, néanmoins il femble que le vifage ait quelque chofe de plus blanchâtre que le refte du corps, les approches de la mort s'y faifant fentir jufques dans la couleur effacée d'un blanc qui a je ne fai quoi de pâle & de mort.

Enfin, plus on regarde le Laocoon, plus il femble que toutes les veines de fon corps s'enflent à vuë d'œil, par la force du venin qui eft déja paffé dans les vaiffeaux ; que les mufcles fe gonflent, que les artéres battent avec impétuofité, & qu'on voye tous les fignes d'un poifon violent qui gagne les parties les plus intérieures du corps.

Virgile * a fait une defcription admirable de ce pére infortuné dans ce cruel état ; & il faut être bien dur pour n'être pas touché de l'ouvrage de ce Poëte : mais il faudroit être tout à fait infenfible pour ne pas frémir à la vuë de celui du Sculpteur.

* Aeneid. L. 2.

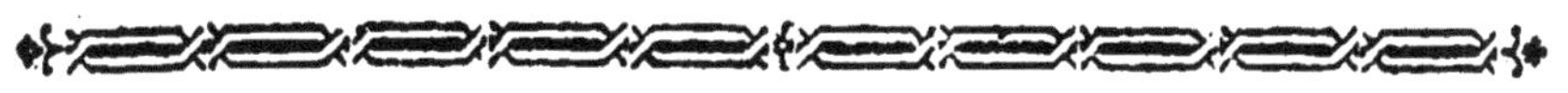

LA VENUS ACCOMPAGNÉE D'UN CUPIDON.

Groupe antique

Qui se voit dans la même Cour.

ON admireroit la finesse de la Draperie de cette Vénus, si on pouvoit admirer quelque Draperie après qu'on a vû celle de la Flore de Farnèse; mais quel Chef- d'œuvre que le Cupidon qui est auprès d'elle ! Ce n'est point du marbre, c'est un corps de chair; & que ce petit corps est bien formé! quelle régularité, quelles proportions, & quel génie que celui du Sculpteur qui a fait cette petite Figure!

Un Sculpteur d'un génie ordinaire sachant que Cupidon est un enfant, ne fait pas faire autre chose qu'un enfant, lors qu'il veut le représenter; il fait donc un petit corps bien gras, bien pottelé, dont les membres ne sont point encore formés, & dont les bras & les jambes sont, comme à tous les enfans, prodigieusement courtes & grosses à proportion du reste du corps; son génie ne va pas plus loin: Mais un génie au dessus du commun pense que si Cupidon est un enfant, c'est aussi un Dieu, un Dieu qui ne croît plus, & dont, par conséquent, les membres doivent être aussi formés que ceux d'un homme fait. Tel étoit le Sculpteur qui a travaillé à cet Ouvrage, il a fait son Cupidon dans cet esprit ; & les yeux en sont charmés parce qu'ils y voyent, en petit, un corps d'homme parfaitement bien formé; car ni l'Apollon ni l'Antinoüs ne sont point des corps plus réguliers ni plus parfaits & le Cupidon est, à leur égard, ce qu'un ouvrage de Mignature est à l'égard d'une grande Peinture à l'huile.

VAIS-

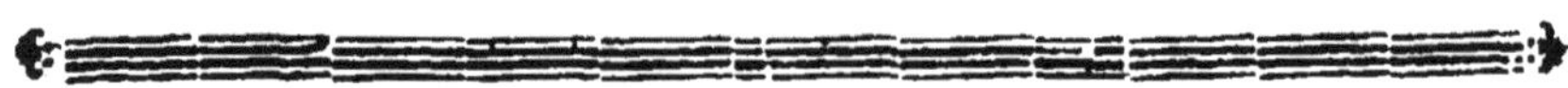

VAISSEAU

Dont les Pavillons & les Voiles font formés de jets d'eau,

Lequel ſe voit dans le Jardin de Belvédére.

CE petit Vaiſſeau nage ſur l'eau d'un grand Baſſin ; il eſt tout de fer „ & parfaitement bien compoſé de toutes ſes piéces.

Les Voiles en ſont d'un fer blanc très-blanchi, & elles ſont pliées autour de leurs Antennes ; mais lors qu'on vient à tourner la clef du Réſervoir, il ſort, de ces Voiles, une infinité de petits jets d'eau très-fins & très-déliés qui, étant tous joints l'un à l'autre, forment des napes d'eau qui reſſemblent parfaitement à des voiles, car ces petits filets d'eau ſortant avec beaucoup de rapidité blanchiſſent comme de l'écume, & imitent tout à fait bien la couleur de la toile ; de ſorte que, quand ils commencent à jouër, il ſemble que ce ſoient ces Voiles de fer blanc pliées qui ſe déployent & qui s'étendent, & que ce ſoit le vent qui les enfle, quoique la ſeule diſpoſition des tuyaux donne cette forme à l'eau qui en ſort.

Il y a au moins cinq cens de ces petits jets d'eau employés à faire ſeulement les Voiles & les Pavillons de poupe & de prouë.

Les Canons de ce Vaiſſeau qui ſont autant de jets d'eau, ont encore ceci de joli, que l'eau qui en ſort fait une eſpéce de bruit ſemblable à celui que feroient, avec de la poudre,

des

des Canons de cette grosseur ; tellement qu'il semble qu'il lâche incessamment ses Bordées, & qu'on entende, sans discontinuation, les Canonades. C'est assurément une des plus jolies choses qu'on puisse voir en matiére de Machines hydrauliques; rien n'est plus ingénieusement imaginé ; & je ne pense pas qu'on puisse trouver, en aucun lieu du monde, une Fontaine jaillissante d'une invention plus agréable & plus nouvelle.

✺ ✺ ✺ ✺ ✺ ✺ ✺ ✺ ✺ ✺ ✺ ✺ ✺ ✺ ✺ ✺ ✺ ✺ ✺

FIGURES

Representant differentes sortes d'Animaux,

Lesquelles se voyent dans divers Palais & Vignes de Rome.

Piéces antiques.

SI on ramassoit ensemble toutes les Figures antiques d'Animaux qui se voyent dans les Palais & dans les Vignes de Rome, ce seroit certainement un des plus beaux spectacles qu'on pût voir au monde; l'Aigle de la Vigne Mathéi; le Lion de la Vigne Médicis ; le Sanglier & la Louve de la Vigne Borghêse ; les Ours de la Fontaine qui est à *Termini*; les Pans de Belvédére au Vatican, le Bouc du Palais Justiniani, & les autres ouvrages de cette espéce : Tout cela ramassé formeroit une seconde Nature aussi belle que la premiére lors qu'elle sortit des mains du Créateur; car ces Chef-d'œuvres sont des Copies plus parfai-

tes

tes que les Originaux mêmes : Non , les Bêtes en original tel-
les qu'on les voit aujourd'hui, ne font point fi belles que ces
Figures qui ont pourtant été faites d'après elles; de forte que
je ne craindrai point de dire que ces excellentes Antiques pourroient fervir de Modele pour former de nouveau toutes les
Efpéces fi elles venoient à être détruites, & qu'il fût befoin d'un
Exemplaire pour les recréer. L'Aigle vole véritablement ;
le Lion rugit ; le Sanglier menace ; la Louve dévore des
yeux, tout ce qui l'environne ; les Ours dorment, mais d'un
fommeil qui épouvante ; les Pâns s'applaudiffent, & le Bouc,
quoique rêvant avec fa figure trifte, eft tellement vivant &
animé , qu'il femble que ce n'eft qu'à caufe qu'il regarde fi
fixement ceux qui font devant lui, qu'il s'arrête & qu'il
ne remuë pas. Quel Art que celui qui fait donner tant de
vie & de mouvement au bronze, au marbre, à la pierre?

✳✳✳✳✳✳✳✳✳✳✳✳✳✳✳✳✳✳✳✳✳✳✳✳

LE MIRMILLON,*

Statue Antique qui fe voyoit autrefois à la Vigne Ludovifio.

ON ne voit plus que des Copies de cette excellente Statue qui eft une des fept premiéres du monde, le Prince Odefcalchi qui l'a achetée du défunt Prince Ludovifio la tenant cachée, fans la vouloir laiffer voir à qui que ce foit.

Le moment où un homme bleffé eft prêt à expirer ne fauroit jamais mieux fe voir dans un homme qui va véritablement rendre l'ame, qu'on le voit dans cette Statue. Ce pauvre Athléte auffi épuifé de forces par le fang qu'il perd, que par la fatigue des Combats qu'il a foutenus, ne paroît plus avoir de vie, que le moment auquel on le regarde; la mort eft déja toute peinte dans fon air; & il femble que fes lévres qui commencent à s'approcher l'une de l'autre, n'attendent plus que le dernier foupir qui lui refte; que fa bouche, auffi-bien que fes yeux, vont fe fermer pour toujours; & que fon corps va tomber de fa derniére chute.

Au refte; comme je n'ai vû que des Copies de cette fameufe Statue, je ne doute point que ceux qui l'auront vûë ne trouvent que j'en dis bien peu de chofe: Cependant, il me femble que c'en eft encore beaucoup pour une Copie, n'en ayant jamais vû en aucun endroit du monde, fur-tout de ces Miracles de

l'An-

---

*Les Mirmillons étoient une forte de Gladiateurs armés à la Gauloife, qui combattoient ordinairement contre cette autre forte de Gladiateurs qu'on nommoit les *Rétiaires.*

l'Antiquité; qui ne fût tellement au deſſous des Originaux que, lors qu'on vient à les voir, il ſemble que ce ſoient des Ouvrages tout nouveaux où l'on trouve mille beautés d'un caractère à ne pouvoir jamais être copiées: En ajoutant donc à l'Original ce qu'il y a à rabbattre des Copies, on peut juger quel prodige c'eſt, ſur le peu même que j'en dis.

Mais, à la vuë de ces merveilleux morceaux de Sculpture, que dire des Ouvriers incomparables, de ces hommes divins qui nous les ont laiſſés? Quel art, quel génie, quelles expreſſions que celles de ces anciens Statuaires? Et que n'ont-ils point ſû exprimer dans leurs Ouvrages! La Vie, la Mort, l'Agonie, la ſuſpenſion de la Vie, l'image de la Mort, ce n'eſt encore rien; mais des Etats qui ne ſont ni la Vie, ni la Mort, ni l'Agonie, comme dans la Niobé qui n'eſt ni vivante, ni morte, ni mourante, mais pétrifiée.   Un double Sommeil; le Sommeil naturel, comme dans le Faune du Palais Barberin; un Sommeil d'yvreſſe, comme dans le Silêne de Ludoviſio; la Rêverie, dans la figure qu'on voit au Mont Palatin; la Laſſitude, dans l'Hercule de Farnêſe; l'Agonie, dans le Sénéque de Borghêſe; enfin le moment même du paſſage de la Vie à la Mort, l'inſtant du dernier Soupir, comme dans le Mirmillon.

Quand ils joignent deux Statues enſemble, on connoît auſſi-tôt ce qu'ils ont eû deſſein d'exprimer, il n'eſt point beſoin d'Interprete pour ſavoir de quoi il s'agit, on voit tout d'un coup ce que les perſonnes veulent faire, & on entend tout ce qu'elles ſe diſent: Dés qu'on regarde Brutus & Porcia à la Vigne Mathéi, on voit que c'eſt l'Amour Conjugal qu'ils ont voulu figurer par ce Groupe, & peut-il être prononcé par des attitudes & par des airs d'une union plus chaſte & plus intime? On y voit la fidélité, la confiance, la candeur &, s'il eſt permis

Q 2

de

de se servir ce terme, l'indentité même de deux personnes qui n'en font plus qu'une par l'Amour Conjugal.

Il ne faut que jetter les yeux sur cet autre Groupe de deux figures Grecques qui se voit à la Vigne Ludovisio, pour savoir que c'est l'Amitié qu'ils y ont voulu figurer; car n'y voit-on pas d'abord que ce sont deux personnes qui n'ont qu'un même cœur? la bonne foi, la sincérité, & la cordialité peuvent-elles jamais être mieux exprimées?

Je ne dis rien de l'Amour illicite si bien représenté dans le Groupe de la Faustine & de son Gladiateur à la Vigne Borghêse, car il n'est pas mal-aisé de former des Images de cet Amour & de ses saillies, non plus que de celles des autres passions violentes? Mais en quoi j'admire les Anciens, c'est d'avoir sû exprimer si vivement des passions aussi tempérées & aussi modestes, que l'Amitié & l'Amour Conjugal; des vertus aussi tranquilles, que la Fidélité & la Concorde; de simples sentimens de l'ame plutôt que des passions & des vertus, comme le Repos & la Paix; Enfin des Etats aussi muets que la Réverie & le Silence; car quelle force d'expression ne faut-il pas imprimer à des Statues de bronze & de marbre, pour leur faire représenter des choses si simples & si peu marquées; & cela, par le seul air & par la seule attitude qu'on leur donne! C'est cependant ce qu'ont fait les Sculpteurs de l'ancienne Gréce, & de l'ancienne Rome,

Quoi-

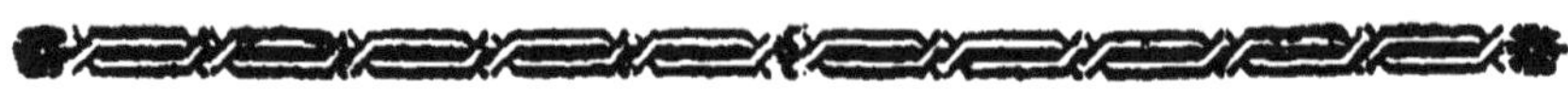

QUoique je me fuſſe propoſé de n'écrire que des Ouvrages qui ſont à Rome, la Lucréce du Guide que j'ai vuë à Génes a quelque choſe de ſi ſinguliérement beau, que je ne puis m'empêcher d'en dire deux mots, & de finir par là.

LA LUCRECE,

Tableau qui ſe voit à Génes, dans les Palais Balbi.

Par le Guide.

CE Tableau eſt du caractére de tous les autres Ouvrages du Guide qui ſont à Rome. Ce ſont toujours de ces Expreſſions recherchées & ſemblables à celles de Timanthe, cet ingénieux Peintre Grec, * qui ſont plutôt faites pour l'eſprit que pour les yeux, qui donnent à entendre beaucoup plus de choſes qu'elles n'en font voir; où l'on découvre plus ou moins de beautés ſuivant la meſure d'intelligence qu'on a; où une ſeule Figure, par les penſées ſublimes ou fines qui s'y trouvent, ſurpaſſe ſouvent les plus abondantes Compoſitions; & qui font connoître que, quelque excellent que ſoit l'Art de

Q 3

la

* In omnibus ejus operibus intelligitur plus ſemper quam pingitur; & cum ars ſumma ſit, ingenium tamen ultra artem eſt. Plin. l. 35. c. 10.

la Peinture, de tels Peintres avoient un génie encore fort élévé au deſſus de leur Art.

On voit, dans le corps de cette Lucréce, la plus parfaite Rondeur ſans preſque aucune ombre, par les ſeules Demiteintes dans leſquelles le Guide a ſi fort excellé; &, ſur ſon viſage, l'air le plus vif du monde quoiqu'avec ces Couleurs blanches & pâles de ſa derniére maniére, pratiquée par lui ſeul & dans laquelle il a rendu ſes ouvrages plus beaux, que les plus grands Peintres de ſon tems n'ont fait les leurs avec toute la richeſſe des plus belles Couleurs qu'ils y ont étalées.

Les autres Peintres font faire cent ſortes de grimaces à Lucréce pour exprimer la douleur qu'elle reſſent de la violence que Tarquin lui a faite, & celle que lui cauſe le coup de poignard dont elle s'eſt percée le ſein : Le Guide, ſans faire en aucune maniére grimacer celle-ci, a trouvé le ſecret de faire paroître, dans ſes ſeuls traits, la plus forte & la p'us belle expreſſion de la plus vive douleur qu'on ait jamais vuë. Ses yeux en paroiſſent enfoncés juſqu'au derriére de la tête; & ſon front comme rétréci, par la force de ſon application dans ſes cruelles réflexions, ſemble ſe perdre entiérement: Vous diriez que ſon viſage n'a plus ni d'yeux ni de front; & que défiguré, pour ainſi dire, de la ſorte, c'eſt moins un Portrait de Lucréce, qu'une Image de la Douleur.

Mais de quel caractère eſt cette merveilleuſe Image? C'eſt une douleur chaſte & ſainte qui fait encore plus admirer la vertu de celle qui ſouffre, qu'elle ne fait plaindre ſa peine; on voit manifeſtement que c'eſt elle même qui ſe fait ſouffrir & qu'elle regarde comme une punition juſte, la cruauté qu'elle a excercée contre elle-même; ſa vertu paroît encore plus grande que ſes malheurs, ſa force prévaut à ſa ſouffrance; & ſon courage eſt

ſupé-

fupérieur à fa douleur quoiqu'elle foit extrême & la plus grande qu'elle puiffe fouffrir. Tout cela eft exprimé d'une maniére
fi favante & fi divine, que ce feul Tableau meriteroit qu'on eût
nommé le Guide, comme on a fait, *le Dieu de la Peinture,*
quand il n'auroit jamais fait que celui-là.

Que dirai-je enfin? Ce génie incomparable, par des Traits
uniquement réfervés à fon divin Pinceau, a fait voir, dans l'air
de fa Lucréce, je ne fai quelle horreur vertueufe d'une foüillûre
involontaire, & je ne fai quel chafte frémiffement d'un crime
commis en elle, mais malgré elle. On ne croit plus avoir devant les yeux ni toile, ni Tableau, mais Lucréce elle-même
encore toute vivante, & dans le moment qu'elle s'arrache la
vie pour ne pas furvivre à la perte de fon honneur; c'eft elle-
même qu'on voit; c'eft elle-même qu'on plaint, qu'on admire,
qu'on blâme un moment, qu'on juftifie auffitôt; on ne penfe ni
au Guide, ni à la Peinture; tant cette expreffion eft forte &
vive, tant elle furpaffe les productions ordinaires de l'Art, & confond la Nature même qui ne fauroit plus démêler les Ouvrages
qu'elle produit, d'avec ceux qu'un artifice fi favant contrefait!

www.ingramcontent.com/pod-product-compliance
Ingram Content Group UK Ltd.
Pitfield, Milton Keynes, MK11 3LW, UK
UKHW020845120726
13693UKWH00002B/827